企业短视频营销

王翔天　朱桦◎编著

Short Video Marketing

中国纺织出版社有限公司

内 容 提 要

本书首先基于对企业经营困境的深入分析，认识到传统的营销方式已经无法满足企业获取客户和提升品牌影响力的需求。本书开篇提出了应将短视频营销作为一种创新的解决方案，帮助企业摆脱经营困境。然后，系统介绍了企业短视频营销的全过程，涵盖了短视频矩阵获客、目标受众定位、传播主题、平台选择、数据分析等关键内容。读者可以通过本书系统地学习和掌握短视频营销的核心要点，并根据自身需求制订适合的营销策略和计划。

本书将帮助企业了解短视频营销的核心观点、研究方法和实操技巧，并指导企业在实践中取得成功。

图书在版编目（CIP）数据

企业短视频营销 / 王翔天，朱桦编著. -- 北京：中国纺织出版社有限公司，2024. 1

ISBN 978-7-5229-1416-9

Ⅰ. ①企… Ⅱ. ①王… ②朱… Ⅲ. ①网络营销 Ⅳ. ① F713.365.2

中国国家版本馆 CIP 数据核字（2024）第 013409 号

责任编辑：史 岩　　责任校对：王花妮　　责任印制：储志伟

中国纺织出版社有限公司出版发行
地址：北京市朝阳区百子湾东里A407号楼　邮政编码：100124
销售电话：010—67004422　传真：010—87155801
http://www.c-textilep.com
中国纺织出版社天猫旗舰店
官方微博 http://weibo.com/2119887771
鸿博睿特（天津）印刷科技有限公司印刷　各地新华书店经销
2024年1月第1版第1次印刷
开本：710×1000　1/16　印张：14
字数：190千字　定价：99.00元

/ 前言 /

在当今的数字化时代，企业面临越来越激烈的竞争环境和变化快速的营销格局，传统的营销方式已经难以满足企业获取客户和提升品牌影响力的需求。为了应对这一挑战，本书应运而生，旨在为企业提供一种创新的营销解决方案——短视频营销，帮助企业理解和运用短视频营销的力量，更好地实现品牌影响力和客户获取。

《企业短视频营销》一书基于对企业经营困境的深入分析，认识到传统营销方式已经无法满足企业获取客户和提升品牌影响力的需求。在这个信息爆炸的互联网时代，企业面临着前所未有的竞争压力和市场挑战。因此，本书开篇提出了应将短视频营销作为一种创新的营销解决方案，帮助企业摆脱经营困境。这是因为，短视频营销在当今社交媒体平台上的普及和流行，使其成为吸引潜在客户和提升品牌知名度的有力工具。通过精心策划和开展短视频营销活动，企业可以通过视觉和故事叙述吸引用户的注意力，传达品牌的价值和理念。短视频短小精悍的特点使其更易于被消费者接受和分享，扩大品牌的影响力和曝光度，从而让企业摆脱“生意难做”的经营困境。

本书介绍了企业短视频营销的全过程，涵盖了短视频矩阵获客、目标受众定位、传播主题、平台选择、数据分析等关键内容，帮助企业了解短视频营销的核心观点、研究方法和实操技巧，并指导企业在实践中取得成功。读者可以通过本书系统地学习和掌握短视频营销的核心要点，并根据自身需求制订适合自己的营销策略和计划。

在撰写过程中，笔者注重对行业数据的深入分析，调研了大量成功案例，并结合实践经验提供了实用的解决方案和操作技巧。其意义在于为读者提供一本全面而实用的指南，帮助企业充分利用短视频营销的潜力，从而获得更多客户、提升品牌影响力，并在激烈的市场竞争中取得优势。通过本书的学习，企业可以更好地应对市场挑战，取得更好的营销业绩，实现企业可持续发展。

最后，要感谢本书所有的贡献者和支持者。他们的专业知识和经验为本书的内容提供了坚实的基础，使其成为一个有价值的学习工具和实践指南。希望读者在阅读本书时获得丰富的知识和灵感，并能够运用这些知识实现企业的长期发展和成功。

王翔天

2023 年 12 月

/ 目录 /

第一章　企业生意难做的原因

企业生意难做的原因主要是获客困难。事实上，短视频营销是多数企业快速引流获客的市场打法。本章宏观地分析了行业赛道变化引发的营销变数、互联网时代的流量重新分配、企业不同以往的赚钱逻辑、老板的认知和决策能力不足等主、客观原因，着重提出了企业应将短视频营销作为提升品牌影响力和获取更多用户的方式，从而让企业摆脱经营困境。

第二章　短视频矩阵获客模型与运营

短视频矩阵是指由多个短视频平台构成的生态系统，用户可以在这些平台上生成、分享短视频内容并互动。本章介绍了短视频矩阵获客的模型与类型、矩阵号搭建、短视频 IP 矩阵运营、个性化获客策略、短视频矩阵运营数据分析等多个方面，旨在为企业提供全面的短视频矩阵运营指导和解决方案。

第三章 明确目标受众和传播主题

目标受众定位即确定产品或服务的目标受众，确定传播主题即根据目标受众的需求和痛点来确定需要传达的核心信息和价值主张。本章介绍对目标受众的年龄、性别、兴趣爱好、地理位置等方面的定位，以及确定传播主题时要考虑的核心信息和价值主张，旨在更好地进行定向传播，提高传播效果和目标受众的共鸣度。

第四章 企业短视频如何起好名称

短视频名称很大程度上取决于拍摄的目的或者说拍摄的类型，比如产品类短视频的名称需要突出产品，说明产品的特点；如果是企业宣传类短视频，则需要稍具诗意或形象化的名称。本章将讨论起好企业短视频名称的实操方法和相关原则。

第五章　必备的短视频运营实操技巧

随着关于短视频的各项管理规定颁布和实施，短视频运营需适时调整各项要素与模式，诸如创作合规短视频内容、推广改用合规途径、完善内控与流程管理等。整体来说，企业应以新规为契机调整各项运营环节与计划，使短视频服务满足新的合规环境，为用户提供更有价值的内容。

第六章　选择合适的短视频平台与渠道做推广

企业在选择合适的短视频平台与推广渠道时，首先需要根据目标受众偏好选择合适的短视频平台，并分析主流短视频平台的特点和优势。在此基础上，企业要通过社交媒体整合、社交媒体广告、关键意见领袖（KOL）合作等方式做短视频推广，以提升品牌曝光和互动效果。

第七章　精准投放和数据分析优化

短视频广告的成功需要精准投放和数据分析优化。精准投放能够将视频有效地传递给目标受众，提高触达和转化效果。同时，数据分析可以帮助品牌了解观众反应和喜好，优化短视频内容和投放方式，提高吸引力和广告效果，从而提升短视频的推广效果，增加观众参与度和品牌认知度。

第八章　企业短视频营销获客方法与技巧

企业短视频营销获客方法与技巧包括平台推荐机制、优化短视频排名、粉丝共创 UGC、跨界合作推广、数据驱动优化等方面的内容。通过学习本章讲解的相关方法与技巧，企业可以提升短视频的曝光量，扩大品牌影响力，吸引更多潜在客户，并通过优化数据驱动不断提升获客效果，实现营销目标。

第九章　各行业短视频营销转化路径

短视频营销适合各种类型的企业，尤其是那些希望传递品牌价值、展示产品特色、增强消费者认知和参与度的企业。本章讲解传统企业、快消品行业、教育培训、餐饮企业和旅游行业的短视频营销转化路径，以帮助企业抓住客户痛点、解决客户问题，从而达到理想的营销效果。

第十章　企业短视频制作与营销管理工具

企业短视频制作与营销管理工具旨在为企业提供一系列功能强大的工具，包括数据分析、剪辑、配音、文案生成、矩阵管理和营销获客等工具。使用这些工具的目标是帮助企业通过短视频实施更精准的营销策略，提升品牌的影响力和竞争力，从而实现更好的营销效果和获客结果。

第一章

企业生意难做的原因

企业生意难做的原因主要是获客困难。事实上，短视频营销是多数企业快速引流获客的市场打法。本章宏观地分析了行业赛道变化引发的营销变数、互联网时代的流量重新分配、企业不同以往的赚钱逻辑、老板的认知和决策能力不足等主、客观原因，着重提出了企业应将短视频营销作为提升品牌影响力和获取更多用户的方式，从而让企业摆脱经营困境。

行业赛道变化引发的营销变数

短视频头部平台抖音诞生之前，社交媒体领域已经有了一些巨头，如脸书（Facebook）、照片墙（Instagram）和色拉布（Snapchat）等。然而，抖音通过创新的短视频形式和个性化的推荐算法，迅速吸引了众多用户的关注。抖音采取了一系列差异化的营销策略，以在竞争激烈的行业中脱颖而出。首先，抖音注重用户体验，并通过智能推荐算法为用户提供个性化的内容推荐。这种个性化的推荐使用户更容易发现自己感兴趣的内容，增加了用户的参与度和黏性。其次，抖音积极与明星、网红和品牌进行合作，通过合作推出各种有趣的挑战和活动，吸引了大量用户参与和互动。这种合作不仅增加了内容的多样性和趣味性，也为明星和品牌提供了一个与用户直接互动的渠道，加强了品牌营销的效果。最后，抖音还积极推进国际化战略，进军全球市场。它通过与当地明星和内容创作者合作，适应不同地区的文化和用户需求，取得了巨大成功。这种国际化策略使抖音迅速扩大了用户基础，增加了品牌的曝光度和影响力。

通过以上策略，抖音成功地在行业赛道中脱颖而出，并迅速成为全球范围内广受欢迎的短视频平台。抖音的成功表明了在竞争激烈的行业中，企业需要重新定位自身，采取差异化的营销策略应对变化。抖音通过创新、个性化的内容推荐、合作和国际化战略等方式，成功地保持了竞争优势，并实现了业务增长。这也提醒其他企业，在面对行业赛道的变化时，应重新定位其市场地位和竞争优势，制定差异化的营销策略，关注市场动态和趋势，注重创新和持续发展，以适应新的竞争环境，如图 1-1 所示。

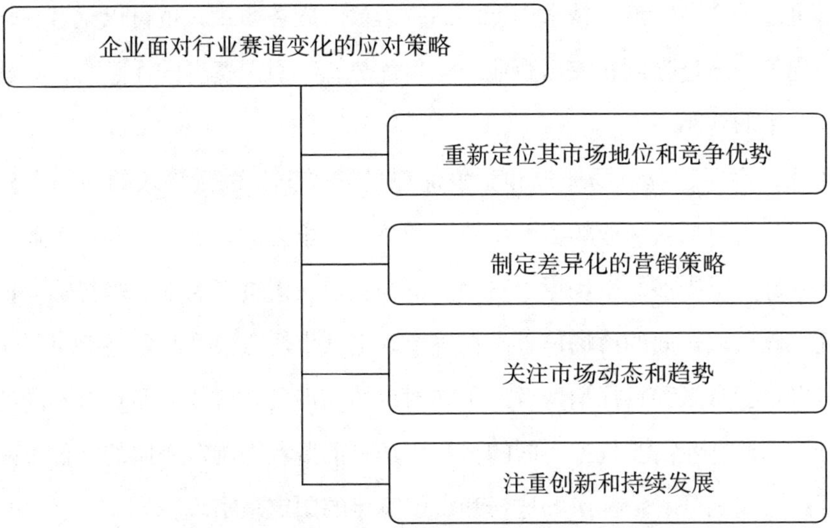

图1-1　企业面对行业赛道变化的应对策略

1. 重新定位其市场地位和竞争优势

随着新兴行业的兴起和新的竞争对手的涌现，传统行业的竞争变得更加激烈。面对这种激烈的竞争，企业需要重新审视自身产品或服务的独特价值，并通过重新定位找到差异化的竞争优势。

定位自己的市场地位和竞争优势，企业首先需要审视自身产品或服务的独特价值。随着新行业涌现，市场上可能会出现更多类似的产品或服务。因此，企业需要深入了解自己的产品或服务，在竞争中找到其独特的卖点。这包括产品的功能特点、品质和性能等方面的优势。通过对产品或服务的重新评估，企业可以发现自己的独特价值，并将其作为市场定位的重要依据。其次，了解市场的需求和趋势对企业重新定位至关重要。市场需求和趋势是不断变化的，企业需要时刻关注市场的变化，并对自身的产品或服务进行调整。这可以通过市场调研、消费者洞察和数据分析等方式实现。通过了解消费者的需求和偏好，企业可以更好地满足市场需求，并与竞争对手形成差异化。最重要的是，企业需要找到差异化的竞争优势。在激烈的竞争环境中，企业需要找到自己在市场中独一无二的竞争优势。这可以是产品特点、技术创新、品牌形象、服务质量，也可以是客户体验等方面的优势。通过强调和突出企业的竞争优势，吸引消费者的注意力，并建立起与竞争对手的差距。

此外，重新定位市场地位和竞争优势也需要企业进行深入的内部和外部分析。内部分析包括对企业的资源、能力和核心竞争力的评估，以确定企业的优势所在。外部分析则涉及市场竞争对手、市场规模、消费者需求和趋势等方面的调查研究，以获取全面的市场信息。在重新确定其市场定位和竞争优势时，企业还需要考虑目标市场和目标消费者。不同的市场和消费者群体可能具有不同的需求和偏好，因此企业需要根据不同的目标市场和消费者来制定相应的定位策略。这可以通过市场细分、目标市场选择和定位策略的制定来实现。

2. 差异化的营销策略是关键

在竞争激烈的市场中，仅依靠产品特点来吸引消费者的注意力已经不足以应对市场变化。企业需要通过差异化的营销策略与消费者建立情感联结和互动，以在市场中脱颖而出。个性化的服务、独特的品牌形象、创新的营销渠道和工具，以及市场细分都是吸引消费者的关键要素。

个性化的服务是差异化营销策略的重要组成部分。消费者越来越注重个性化和定制化的体验，而不只是产品本身。企业可以通过提供个性化的服务来满足消费者的需求和偏好。这包括定制化产品、个性化推荐、定制化服务方案等。通过了解消费者的需求并提供相应的解决方案，企业可以建立与消费者的情感联结，并提高他们的忠诚度。

独特的品牌形象是差异化营销策略的关键要素。品牌形象不仅是企业的标识和名称，它代表了企业的价值观、个性和承诺。通过塑造独特而有吸引力的品牌形象，企业可以在消费者心中建立起与竞争对手的差异化形象。这可以通过品牌故事、品牌定位、品牌声誉和品牌体验等方面来实现。一个独特而有吸引力的品牌形象可以让消费者与企业建立情感联结，并选择与之合作。

创新的营销渠道和工具是差异化营销策略的重要组成部分。随着科技的发展，新的营销渠道和工具不断涌现，为企业提供了更多与消费者互动的机会。企业可以利用社交媒体、在线广告、内容营销、虚拟现实等创新渠道和工具来吸引消费者的注意力。通过与消费者在多个渠道上进行互动，并提供有价值的内容和体验，可以增强企业品牌的可见性和吸引力。

市场细分也是差异化营销策略的重要考虑因素。不同的市场细分下企业面临着不同的需求和偏好，企业需要根据不同的目标市场制定相应的营销策略。通过深入了解目标市场的特点，并有针对性地提供产品、服务和营销活动，企业可以在不同市场中建立差异化的竞争优势。

3. 更加关注市场的动态和趋势

市场环境的变化会带来新的机遇和挑战，因此企业应密切关注消费者需求和偏好的变化、竞争对手的行动和策略、技术和市场趋势、法规和政策变化，以及新兴市场和国际市场的机会，可以帮助企业保持敏锐的市场洞察力，并在不断变化的市场中保持竞争优势。通过及时调整营销策略，企业可以更好地满足市场需求，增强品牌影响力，并实现业务持续增长。

消费者需求和偏好是不断变化的，企业需要密切关注消费者的动态。这可以通过市场调研、消费者洞察、数据分析等手段实现。了解消费者对产品或服务的需求变化及他们的购买决策过程，可以帮助企业调整产品定位、开发新产品或服务，并提供更好的消费者体验。

企业应该密切关注竞争对手的行动和策略。了解竞争对手的产品创新、营销活动、定价策略等，帮助企业抓住市场机遇，避免竞争威胁，并制定相应的应对策略。通过对竞争对手的分析，企业可以找到自身的差异化竞争优势，并在市场中建立起竞争壁垒。

技术和市场趋势对企业的发展具有重要影响。企业需要关注技术的创新和发展，以及市场的趋势和变化。这可以包括新兴技术的应用、行业的发展趋势、消费者行为的改变等。通过了解技术和市场趋势，企业可以预测未来的机会和挑战，并做出相应的战略调整。

法规和政策的变化将会对企业的经营环境产生重大影响。企业需要关注相关的法规和政策变化，包括行业监管、税收政策、环保要求等。了解这些变化可以帮助企业遵守法规要求，及时调整经营策略，避免潜在的法律风险。

企业也需要密切关注新兴市场和国际市场的机会。新兴市场通常具有较高的增长潜力，而国际市场可以带来更广阔的发展空间。通过了解这些市场的需求、文化差异和竞争情况，企业可以开拓新的市场，扩大自身的影响力。

4. 创新和持续发展是应对变化的核心

创新和持续发展是企业应对行业赛道变化的核心。通过不断在产品和服务上推陈出新，采用新的营销方式和技术创新，保持持续发展的动力和能力，以及具备敏锐的市场洞察力，企业可以在激烈的竞争环境中保持竞争优势，并实现持续的成功和增长。创新和持续发展的企业文化应贯穿整个企业，并成为企业发展的重要驱动力。

企业需要不断推陈出新，开发新产品或服务，以满足消费者不断变化的需求和市场的新趋势。创新可以包括产品功能的改进、新产品的开发及创新的服务模式等。通过不断创新，企业可以在市场中脱颖而出，提供独特的价值主张，增加市场份额，并吸引更多的消费者。

除了产品和服务创新，企业还应关注营销方式和技术的创新。随着科技的不断发展，新的营销方式和技术不断涌现，如社交媒体营销、数据分析、人工智能等。企业需要积极采用新的营销方式和技术，以提高市场营销效果，增强品牌影响力，并与消费者更好地互动。

持续发展是企业应对行业赛道变化的关键。企业需要保持持续发展的动力和能力，不断提升自身的竞争力。这可以通过不断学习和创新，培养组织的创新文化和创新能力实现。企业应鼓励员工提出新的想法和创新建议，并为他们提供相应的支持和资源。此外，企业还应该关注组织的可持续发展，包括环境保护、社会责任等方面，以满足消费者和利益相关者对可持续发展的要求。

创新和持续发展需要企业具备敏锐的市场洞察力。企业应该密切关注市场的动态和趋势，了解消费者的需求和偏好变化，以及竞争对手的行动和策略。通过深入了解市场，企业可以预测未来的机会和挑战，并相应地调整创新和发展的方向。

互联网时代流量被重新分配

贝壳找房现在已是国内最大的房产交易和服务平台之一。从线上到线下、从真房源到 ACN 网络，贝壳找房已经构建了成熟的商业模式。在 2021 年 5 月房地产行业的一次聚会上，房地产商们纷纷感叹贝壳的崛起。大家对贝壳成立时间如此短暂，却能够超越万科、恒大和碧桂园等企业的市值感到不可思议。事实上，贝壳之所以比这三家企业更强大，并非仅因为其拥有更多的人才和资本优势，更重要的是其成功地占据了互联网流量的制高点。通过与腾讯合作，贝壳得以借助微信的流量，将房产经纪业务搬到线上，并建立了一个数字化平台，提高了行业的效率。贝壳的崛起速度非常惊人，仅两年零四个月就成功登陆美股，比拼多多还要快。贝壳打破了传统房产中介的陈旧模式，从线下自营转变为线上交易网络，并专注于提供真实的房源信息，使交易过程更加透明化。这种转变的本质是挑战传统的房产交易方式，通过产业互联网的逻辑重新构建房产交易链条，朝着具有更大的复制力和扩展潜力的平台化的方向实现规模化发展。

在互联网实现全面连接、信息共享和互动的互联网时代，企业的经营已经从过去的“资源为王”转变为“流量为王”。流量是吸引注意力和消费力的基础，任何想要销售产品的企业都需要借助流量平台，这对企业的营销策略和方式的转变将产生深远的影响。接下来，本书将围绕互联网时代流量被重新分配一题，从流量重新分配的原因与结果，以及企业短视频营销是必然趋势两个方面予以阐述，如图 1-2 所示。

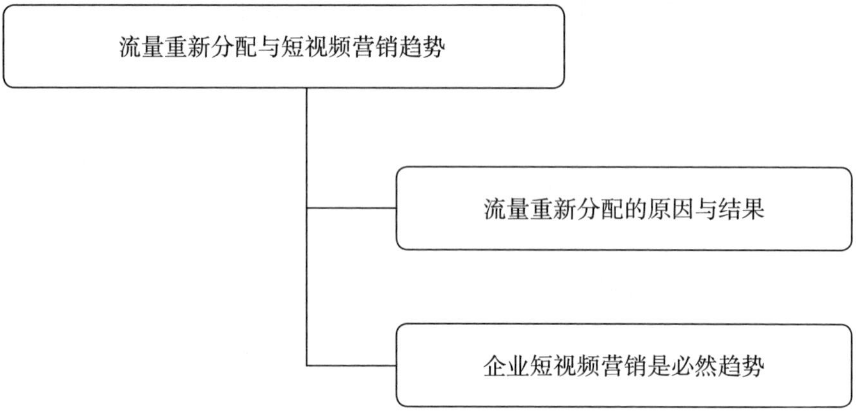

图1-2　流量重新分配与短视频营销趋势

1. 流量重新分配的原因与结果

随着互联网过往的发展，各大互联网巨头已经在各大领域形成了各自的“流量巨头”。阿里、腾讯、百度和字节跳动成为了四大势力，各自拥有独特的优势。阿里巴巴在电商领域的卓越表现使其成为流量巨头，腾讯则凭借在社交领域的长期积累和创新发展，占据了大量用户流量。百度则通过强大的搜索引擎技术成为搜索领域的主导者，而字节跳动专注于分享领域，通过推出创新的内容分享平台迅速积累了大量用户流量。

由于其强大的用户基础和广泛的产品生态系统，这些巨头可以通过整合、优化和差异化的流量分配策略来实现更高效的资源利用。此外，它们还通过投资、并购和合作等方式来扩大自己的流量渠道，进一步巩固它们在市场中的地位。这种流量重新分配的能力使它们能够更好地满足用户需求，进一步增强了它们的竞争优势。

流量重新分配导致了新兴的在线服务和应用程序涌现，吸引了大量用户和流量。例如，社交媒体平台、音视频直播平台、电子商务平台等在全网时代获得了广泛的用户关注和使用，吸引了大量的流量。人们更多地使用移动设备上网，导致移动应用和移动网站的流量增加。此外，随着智能设备和物联网的发展，连接到互联网的设备数量也在增加，如智能家居、智能穿戴设备等，它们也会产生一定的流量。此外，搜索引擎的算法和推荐系统的影响力也会对流量分配产生影响。搜索引擎的排名算法和推荐系统的推荐算法会根据用户的搜索和浏览行为，向用户提供相关的内容和链接，从而影响用户的流量分配。

互联网时代下的流量重新分配对互联网行业和用户以及经营方式都产生了多方面的影响。首先，流量重新分配使内容和服务呈现更多元化的特点，用户可以通过互联网访问发现更多种类的内容和服务，从而满足不同的需求和兴趣。这促进了创新和多样性的提升，使用户能够选择更适合自己需求的内容和服务。

流量重新分配也催生了一些新兴平台的崛起。这些新兴平台通过提供新的功能、体验或解决特定需求，吸引了大量用户和流量，给传统行业和市场格局带来了冲击，推动了市场的竞争和多元化。同时，流量重新分配也促使平台和内容提供商更加注重数据分析和运营。通过对用户行为和偏好数据的分析，他们可以更好地了解用户需求，优化其内容和服务，提供更个性化和精准的内容推荐。这有助于提高用户满意度和平台的竞争力。此外，流量重新分配也加剧了平台之间的竞争。大型平台需要不断创新和改进，以吸引和留住用户，通过推出新的功能、改善用户体验、加强社交互动等，力图获得更多的流量和用户份额，进一步推动互联网行业的发展和进步。

用户的地位和权益在流量重新分配中得到更多关注。平台需要更加重视用户体验、隐私保护和信息安全等问题，以满足用户的需求和期望。用户有更多的选择权，他们可以选择更符合自己需求和价值观的平台和服务。总之，流量重新分配给互联网行业和用户带来了机遇和选择，也提出了新的挑战和考验。

2. 企业短视频营销是必然趋势

流量给互联网行业和用户带来了多方面的影响，而短视频营销在这些影响中凸显出其现实性和必要性。通过发挥短视频的优势，企业可以吸引用户的注意力，提高品牌曝光度，与用户建立良好的关系，并在激烈的竞争中脱颖而出。

首先，流量重新分配意味着用户关注点和需求变得更加多样化。用户不再局限于少数大型平台，可以通过互联网访问发现更多种类的内容和服务。这为企业提供了机会，企业可以在各个平台上通过短视频吸引用户的注意力。通过精心制作的短视频，企业可以快速传递信息，引起用户的共鸣，并增加品牌曝光度，满足用户多样化的需求。

其次，流量重新分配导致平台竞争加剧。大型平台需要努力吸引和留住用户，因此它们需要提供更多创新功能、改善用户体验以及加强社交互动。在这样的竞争环境中，短视频营销成为企业与其他竞争对手区别开来的最重要方式。通过制作独特而有吸引力的短视频内容，企业可以在激烈的竞争中脱颖而出，并吸引更多用户和流量。

再次，流量重新分配还引起了对用户权益的更多关注。用户拥有更多的选择权，他们可以选择更符合自己需求和价值观的平台和服务。为了吸引和留住用户，企业需要关注用户体验、隐私保护和信息安全等问题。通过制作优质的短视频内容，企业可以增加用户对其品牌的信任感，进而建立良好的用户关系。

最后，流量重新分配也使平台和内容提供商更加重视数据分析和运营。通过对用户行为和偏好数据的分析，企业可以更好地了解用户需求，优化短视频内容和服务，提供更个性化和精准的推荐。这将有助于提高用户满意度，并增强企业在竞争激烈的市场中的竞争力。

企业的赚钱逻辑已不同以往

当前，许多传统行业的企业老板还在感叹生意越来越难做，实际上不是赚钱越来越难，而是整个商业逻辑发生了变化，即从最初的企业主要依赖信息不对称来获取利润，到现在的商业模式逐渐转向以消费者为中心，注重提供优质的用户体验。随着人口红利的减少，商业逻辑进一步深化变革，目前已经从聚焦"消费端"转向关注"产业端"。在新的商业环境中，那些能够通过组织重构解决效率问题的企业更有可能在竞争中存活下来。

在这一转变过程中，互联网、云计算、大数据和人工智能等新技术发挥了至关重要的作用。未来，商业领域的生产链、供应链和销售端将在新技术的影响下进行大规模的重构。这种趋势预示着，谁能掌握并应用这些新技术，谁就更可能抓住通往未来的机遇。在这个背景下，利用消费数据改变传统赚钱逻辑成为一种必然。

1. 消费数据的重要性

消费数据是指关于消费者购买商品或服务的相关信息，通常包括消费者信息、购买行为数据、支付数据、消费场所数据、消费反馈数据等内容。消费数据对于企业来说非常重要，企业可以通过分析消费数据来了解消费者的购买习惯、偏好和需求，从而制定更有效的营销策略，提升销售业绩和客户满意度。同时，消费数据也是政府部门进行经济分析和决策的重要依据之一。

国家统计局（NBS）会定期收集和分析全国范围内的消费数据，以监测消费市场动态和为政府制定经济政策提供依据。例如，国家统计局会通过居民消费价格指数（CPI）来反映居民购买消费品和服务的价格变动情况。CPI 的计算涵盖食品、烟酒、衣着、居住、生活用品及服务、交通和通信、教育文化和娱乐、医疗保健及其他商品和服务等多个领域。通过分析 CPI 的变化趋势，政府部门可以了解消费市场的供需状况，预测消费增长趋势，以及判断是否存在通胀压力。例如，如果 CPI 持续上升，可能表明消费需求旺盛或者供应紧张，存在通胀压力，政府部门可能会采取相应的宏观调控措施，如调整货币政策或实施价格管控等。此外，国家统计局还会通过其他消费数据，如社会消费品零售总额、网络零售额等，来评估消费市场的整体表现和结构变化，为制定消费促进政策、优化消费环境和提升消费者福利提供参考。通过利用消费数据进行深入分析，国家统计局能够为政府部门提供及时、准确的经济信息和决策建议，助力实现消费驱动的经济增长和社会发展。

从企业实践来看，掌握大量消费数据的企业可以更好地了解消费者需求、行为和偏好。通过分析消费数据，商家可以了解消费者的购买习惯、兴趣爱好、消费能力等信息，从而精准定位和提供个性化的产品和服务。商家可以根据消费数据进行市场细分，推出符合不同消费者需求的产品线，提高产品的定制性和个性化，增强用户黏性和忠诚度。此外，消费数据还可以帮助企业进行市场预测和趋势分析，及时调整经营策略和产品定位。通过对消费数据的挖掘和分析，商家可以更好地把握市场动态和消费者行为变化，提前洞察市场趋势，做出更明智的商业决策，抢占市场先机。

2. 数据驱动的商业模式

一些成功企业已经意识到消费数据的价值，并基于消费数据构建了强大的商业模式。以小米为例，它通过链接消费者，建立了一个生态系统。小米的产品本身具有高性价比和设计感，但小米并不仅靠产品本身赚钱，而是利用产品作为联结消费者的纽带。通过吸引数以千万计的消费者，小米构建了一个庞大的用户群体，并以消费大数据为核心，衍生出多种盈利模式。通过了解消费者的需求和行为，小米能够提供个性化的产品和服务，满足消费者的需求，从而实现盈利。

特斯拉也是一个典型的例子。特斯拉不仅卖车，它还通过数据闭环实现了更低的保险价格和创新的投保模式。特斯拉通过车辆内置的传感器和数据收集，可以获取车辆的使用情况、驾驶行为等数据。通过分析这些数据，特斯拉能够为车主提供个性化和基于实际风险的保险政策，降低保险费用。同时，特斯拉还可以通过数据分析和车辆远程诊断，提供更加智能和精准的维修和保养服务，将车辆销售转变为基于服务和内容的商业模式。

这些企业通过后端的服务和数据变现，实现了利润的延迟满足。他们不仅有产品的销售收入，更加注重构建数据驱动的商业模式，通过数据分析和洞察来提供个性化的产品和服务，从而增加用户价值和盈利能力。

老板的认知和决策决定企业的钱袋子

苹果公司曾在创始人史蒂夫·乔布斯（Steve Jobs）的领导下进行了一系列具有颠覆性的决策和创新，这些决策直接影响了公司的财务状况和市场地位。首先，乔布斯坚信产品设计和用户体验的重要性。他将苹果公司的产品设计理念注入每一个产品中，注重细节和用户友好性。这种独特的设计风格和用户体验使苹果公司的产品在市场上脱颖而出，赢得了消费者的喜爱和忠诚度。苹果公司的产品销量和利润因此大幅增长。其次，乔布斯对产品的选择和定位有着敏锐的洞察力。他意识到移动设备的潜力，并决定将苹果公司的重点从传统的 PC 端转移到移动领域。这一决策直接影响了苹果公司推出 iPhone 和 iPad 等跨时代的产品，成功抓住了移动互联网的浪潮，进一步扩大了公司的市场份额和盈利能力。此外，乔布斯坚持高度集成的生态系统模式，将硬件、操作系统和服务相互融合，形成了与众不同的苹果生态系统。这种一体化的模式不仅提供了更流畅的用户体验，还使苹果公司能够通过销售硬件设备和相关服务来实现持续的盈利。苹果公司的收入来源是多样化的，包括设备销售、应用程序和内容销售、云服务等。

通过这个案例可以看出，乔布斯作为苹果公司的老板，他的超前认知和决策能力对企业的财务状况产生了重大影响。他的关注用户体验、抓住市场趋势、构建独特的生态系统等决策，使苹果公司取得了巨大的商业成功，并成为全球最有价值的公司之一。因此，老板的认知和决策确实决定着企业的钱袋子。

对于扮演着企业领导者和决策者角色的老板来说，超强的商业洞察力和战略眼光可以帮助老板把握市场机遇和规划企业发展方向。有效的资源管理和风险管理能力可以提高企业的盈利能力和抵御风险的能力。通过正确的决策和管理，老板可以实现企业的财务目标，提高企业的盈利能力，同时确保企业在竞争激烈的商业环境中获得持续的竞争优势。因此，老板应具有商业洞察力和战略眼光，有效地管理企业资源的能力，风险管理能力，决策和管理能力，以更好地决定企业的财务状况，为企业创造更多的价值和利润，如图 1-3 所示。

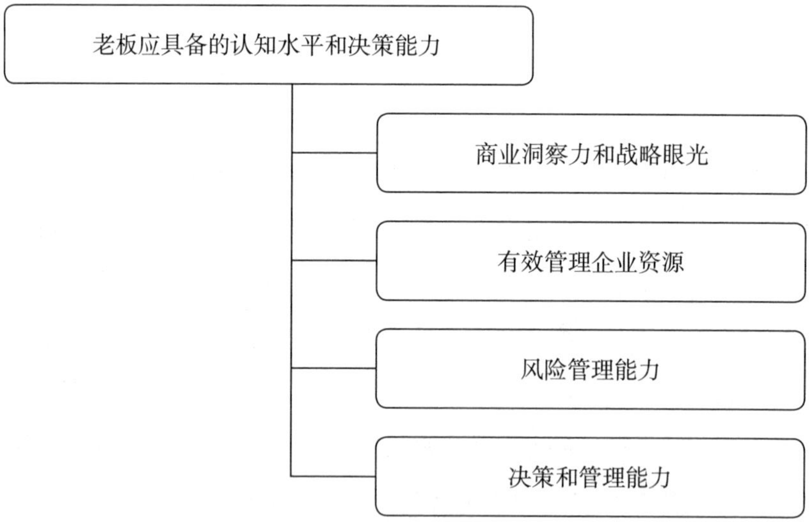

图1-3　老板应具备的认知水平和决策能力

1. 老板的商业洞察力和战略眼光

商业洞察力和战略眼光是驱动企业成功的关键要素。老板的商业洞察力和战略眼光是企业成功的关键要素。超强的商业洞察力使老板能够把握市场机会和消费者需求的变化，而超前的战略眼光则帮助老板规划企业的长期发展方向。这两个要素相互依存，共同构建企业成功的基石。

商业洞察力是指老板对市场趋势、消费者需求和竞争环境的敏锐感知和理解。通过准确的市场洞察力，老板能够把握市场机会，发现潜在的增长点，并基于这些信息做出战略决策。战略眼光则是指老板对企业长期发展方向的把握和规划。老板需要思考企业的核心竞争力、市场定位及未来发展的战略路径，以确保企业能够持续获得竞争优势和盈利能力。

仅具有商业洞察力并不足以确保企业长期成功，老板还需要具备战略眼光，这是在商业洞察力的基础上制定企业长期发展方向的能力。老板需要思考企业的核心竞争力，即企业与竞争对手的差异化优势。这包括独特的产品或服务、创新的技术或营销策略等。基于核心竞争力，老板还需要确定企业的市场定位，即在市场中的位置和目标客户群体。

战略眼光还涉及对未来发展的规划。老板需要考虑市场趋势的演变、技术创新的影响及竞争格局的变化。通过对这些因素的分析和预测，老板可以制定相应的战略路径，以保持企业的竞争优势和盈利能力。这可能包括产品创新、市场扩张、合作伙伴关系建立等战略选择。

2. 老板需要有效地管理企业资源

资源管理是指老板对企业各个方面的资源进行正确配置和利用，以实现企业的财务目标。这些资源包括资金、人力、物流和技术等。老板通过高效的资源配置，可以降低成本、提高效率，增加企业的盈利能力。资源管理是实现企业成功的关键要素之一，对于企业的长期发展至关重要。

资金是企业运作和发展的重要支持。老板需要制定合理的财务策略，确保资金的充足和有效利用。这包括制定预算、控制成本、管理现金流等。通过合理分配和资金管理，老板可以确保企业在运营过程中的正常运转，同时有足够的资金用于投资发展，提升企业的竞争力。

人力资源是企业最重要的资产之一。老板需要招聘和留住具有相关技能和经验的员工，建立高效的团队。通过培训和激励员工，老板可以提高员工的工作能力和动力，促进员工的个人发展和企业的整体绩效。同时，老板还需要建立有效的沟通渠道和良好的工作环境，以提高员工的工作满意度和凝聚力。

物流管理涉及供应链管理、库存管理和运输等方面。老板需要确保物流运作的高效性和准确性，以满足客户需求并降低运营成本。通过优化供应链和物流网络实现及时交付、减少库存积压和降低运输成本，提高企业的客户满意度和竞争力。

技术资源包括信息技术、生产技术和创新能力等。老板应该关注市场上的最新技术趋势，并根据企业的需求进行技术投资和创新。通过引入先进的技术提高生产效率，提升企业的竞争力和创造力。

总之，通过有效的资源管理，老板可以提高企业多方面的优势。首先，合理分配和利用资源可以降低企业的成本，提高效率。这有助于提升企业的盈利能力和竞争力。其次，良好的资源管理可以提高企业的灵活性和适应能力，使企业能够更好地应对市场变化和竞争压力。最后，有效的资源管理还可以提升企业的声誉和形象，增强客户和合作伙伴的信任感。

3. 老板需要具备风险管理的能力

商业环境中存在各种风险和不确定性，如市场竞争、政策变化、自然灾害等。对于企业老板来说，具备风险管理能力至关重要。风险管理涉及制定避险策略、建立应急预案及适当购买保险等措施，老板的决策和应对能力直接影响企业在风险事件中的表现和财务损失。

具备良好的风险意识意味着老板需要对潜在的风险和不确定性保持敏感，并能及时进行风险识别和评估。老板应该密切关注市场动态、政策变化和行业趋势，了解可能对企业运营和发展产生影响的因素。通过了解风险的性质和潜在影响，老板可以制定相应的应对策略，从而减少负面影响。

风险规避是通过采取措施来减少或避免风险的发生和影响。老板可以通过多样化业务、扩大市场份额、建立合理的供应链和采购策略等方式来规避风险。此外，老板还可以寻求合作伙伴，共同应对风险，并通过合作实现资源共享和风险分散。

应急预案是在风险事件发生时采取的紧急措施和应对方案。老板应制订详细的计划和流程，包括明确责任分工、建立有效的沟通渠道、提前准备所需资源等，以应对可能发生的风险事件。建立应急预案以帮助企业在风险事件中迅速反应和恢复，减少财务损失和声誉风险。

保险可以提供经济保障和分担风险，降低企业在风险事件中的财务风险。老板应该评估企业的风险暴露情况，并与保险公司合作选择适当的保险产品，确保企业在面临风险时得到适当的赔偿和支持。另外，风险管理不应只是老板个人的责任，而应成为企业整体运营的一部分。老板应该鼓励员工参与风险管理，并提供相应的培训，以增强员工的风险意识和管理能力。同时，老板还应定期评估和监控风险管理策略的有效性，及时进行必要的调整和改进。

4. 老板需要决策和管理能力

在商业环境中，正确的决策和有效的财务管理是企业成功的关键能力。老板需要具备良好的决策能力，以便抓住市场机遇、提高销售和市场份额，从而实现盈利增长。同时，老板还需要具备财务管理能力，包括预算控制、财务分析和投资决策等，以优化企业的财务结构，提高资金利用效率，实现财务稳定和可持续发展。

首先，老板的决策能力对企业的成功至关重要。在商业环境中，机遇和挑战并存，老板需要能够识别和评估市场机遇，并做出明智的决策来抓住这些机遇。良好的决策能力使老板能够制定行之有效的战略规划、产品开发策略和市场推广策略等，以满足客户需求并保持竞争优势。同时，在面临风险和不确定性时，老板需要做出理性和灵活的决策，以最大限度减少损失并保护企业利益。

其次，财务管理能力是老板成功的重要组成部分。财务管理涉及预算控制、财务分析和投资决策等方面。通过合理的预算控制，老板可以有效管理企业的资金流动，确保资金的合理分配和利用。财务分析能够帮助老板评估企业的财务状况和业绩，并提供有针对性的决策支持。在投资决策方面，老板需要评估不同投资项目的风险和回报，并做出明智的投资决策，以实现企业的长期增长和价值创造。

此外，老板还需要具备财务规划和监控的能力。财务规划涉及制定长期和短期的财务目标，并制定相应的策略和计划来实现这些目标。通过财务监控，老板可以及时了解企业的财务状况，识别潜在的风险和问题，并采取相应的措施加以解决。财务规划和监控的有效实施可以帮助老板实现财务稳定和可持续发展，确保企业在竞争激烈的市场中持续增长。

企业通过短视频营销获客的现实意义

在讨论企业短视频营销获客的现实意义前，我们先回顾一下前面讨论过的企业生意难做的几方面原因，如营销变数、流量分配、赚钱逻辑的改变，以及老板可能存在的认知和决策力局限等。基于这些方面的原因分析，本书认为，在竞争激烈、信息传播快速变化的商业环境中，短视频营销为企业提供了一种创新和有效的营销方式，能够帮助企业走出经营困境，取得商业成功。

毋庸置疑，作为一种目前备受欢迎的营销工具与模式，短视频营销对企业走出营销困境具有重要的现实意义，具体体现在以下六个方面，如图 1-4 所示。

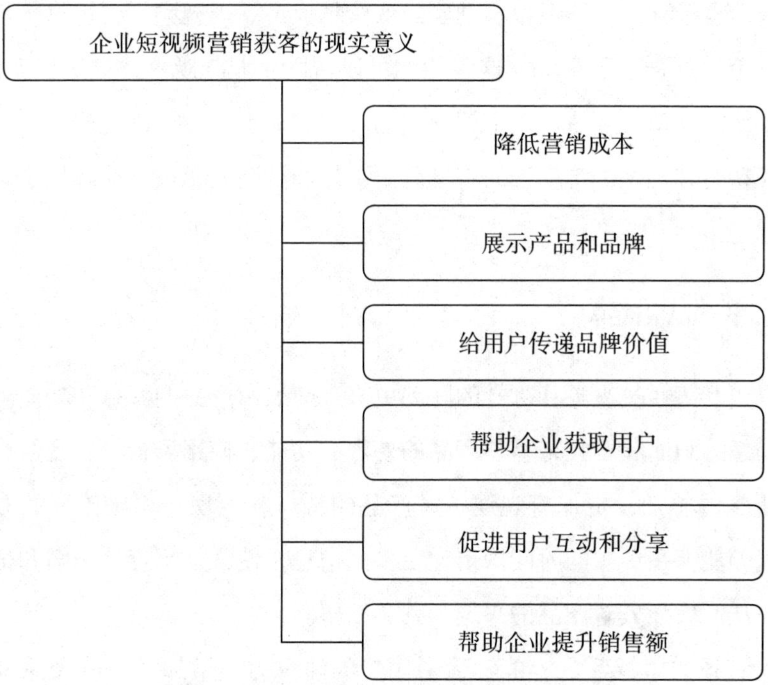

图1-4　企业短视频营销获客的现实意义

1. 降低营销成本

短视频制作成本相对较低。相比传统的广告片或电视广告，制作一段短视频所需的预算通常更低。短视频的制作可以通过简单的剪辑和特效技术，利用现有资源和创意来完成。现代智能手机的高清摄像和编辑功能使短视频的制作变得更加容易和经济实惠。此外，许多社交媒体平台也提供了简便的短视频制作工具，使企业能够在不需要专业团队的情况下制作出高质量的短视频。

短视频具有更高的分享性和传播性。短视频平台如抖音、快手等吸引了数亿用户，这些平台提供了广泛的观众基础和社交分享功能。通过制作有趣、引人入胜的短视频内容，可以吸引更多用户的关注和分享，进而扩大品牌知名度。短视频的分享和传播有助于扩大企业的触达范围，使产品信息能够更广泛地传播，从而降低了企业在传统媒体上投放广告的成本。

另外，短视频的互动性也有助于降低营销成本。短视频平台提供了互动的功能，如评论、点赞、分享等，这些功能可以帮助企业与观众建立更紧密的联结。通过与观众的互动，企业可以了解他们的反馈和需求，进而优化产品和服务。这种直接互动的方式比传统广告的市场调研更加经济高效，极大地降低了企业的营销成本。

2. 展示产品和品牌

短视频能够通过视觉和听觉的联动更直观地展示产品的特点和功能。短视频可以用动态的画面和音频来呈现产品的外观、功能、使用场景等。观众可以通过视觉和听觉的感知，更加直观地了解产品的特点和表现。相比传统的文字和图片，短视频能够在更短的时间内传递更多的信息，使观众更容易理解和记住产品的特点，从而增强其对产品的兴趣和购买欲望。

生动有趣的短视频内容能够吸引用户的注意力，增加用户的关注度和记忆度。短视频媒体具有动感和互动性，可以通过剪辑、特效、音乐等元素营造各种情绪和氛围。通过制作有趣、创意的短视频内容，企业能够吸引观众的关注和参与，让观众在观看过程中产生共鸣和情感联结。这种生动有趣的内容能够增加视频的分享和转发，进一步扩大品牌的曝光率。

短视频营销可以通过短视频平台扩大品牌的曝光率和影响力。短视频平台拥有庞大的用户基础和广泛的社交分享功能，可以将企业的短视频内容迅速传播给更多人。通过制作精彩的短视频内容，企业可以吸引观众的关注并引发分享热潮，进而扩大品牌的曝光范围。短视频的分享和转发有助于增加品牌在社交媒体上的曝光，提高品牌的知名度和影响力。

此外，短视频营销还可以提升用户参与度和互动性。短视频平台提供了评论、点赞、分享等互动功能，观众可以通过这些互动方式与企业进行交流和互动。企业可以借助这些互动功能了解观众的反馈和需求，进而改善产品和服务，增强用户的满意度和忠诚度。这种直接互动的方式有助于建立良好的品牌形象和用户关系，进一步提高品牌的曝光率和影响力。

3. 给用户传递品牌价值

短视频营销是一种强大的工具，可以帮助企业向用户传递品牌价值。短视频内容通过视觉冲击和深入人心的方式，给用户留下更深刻的印象，这也是短视频营销手段最成功的地方。

短视频内容能够通过视觉冲击传递品牌形象和产品效果。相比传统的文字和图片广告，短视频具有更强的视觉冲击力，能够通过动态的画面和音频元素引起用户的注意。企业可以通过短视频展示产品的外观、功能、使用场景等，让用户在观看视频的过程中深入了解产品的效果。通过直观的展示，用户能够更好地了解产品的特点，建立对品牌的信任和好感。

短视频内容可以清晰展示企业的生产过程或服务过程。通过展示产品的生产过程，使用户可以深入了解企业的制造工艺、质量控制等，从而建立对产品的信任感。同样地，展示服务过程可以让用户了解企业的专业性、高效性和关注用户体验的态度。这种透明和真实的展示方式可以增加用户对企业的信任，提高用户对品牌的认可度。

短视频内容还可以通过情感共鸣传递品牌价值。短视频可以通过剧情、故事情节和情感元素触动用户的情感，引起他们的共鸣。通过展示与用户生活相关的场景和情感，使企业能够与用户建立情感联结，并传递品牌的价值观，实现情感共鸣。这种情感共鸣能够让用户更加亲近品牌，产生对品牌的认同感，进而建立长期的用户忠诚度。

短视频可以通过故事叙述的方式，将品牌的核心价值观融入视频中，传递品牌的价值观。通过讲述一个有意义的故事，企业可以向用户传达品牌的使命、愿景和核心价值观。这种故事叙述的方式能够让用户更好地理解和认同品牌，从而建立起与品牌的情感联系。

4. 帮助企业获取用户

要帮助企业获取用户，关键在于根据产品或服务的特点进行市场定位，并进行精准的用户定位。通过精准定位和短视频内容的制作，企业可以吸引目标用户并留住粉丝。短视频内容可以以广告宣传片的思路和形式呈现，快速让用户了解企业并留下深刻印象。同时，短视频内容还应当与目标用户的兴趣和需求相契合，以增加用户的关注度和参与度。通过持续更新和优化短视频内容，企业可以提升用户体验，建立与用户的长期联系。因此，精准定位和优质短视频内容是帮助企业获取用户的重要策略。

首先，企业需要根据产品和服务的特点进行市场定位，并进行精准的用户定位。了解目标用户的特点、需求和偏好是获取用户的关键。通过市场调研和数据分析，企业可以确定目标用户的基本特征、兴趣爱好、消费行为等关键信息。这样的精准用户定位可以帮助企业更准确地了解目标用户，并制定相应的营销策略。

其次，企业可以利用短视频平台进行内容传播，以吸引目标用户并留住粉丝。抖音等短视频平台提供了广阔的用户基础和社交分享功能，可以帮助企业将品牌、产品或服务推广给更多精准用户。通过制作精彩的短视频内容，企业可以在短时间内展示产品和服务的优势，吸引用户的注意力。在制作短视频内容时，可以借鉴广告宣传片的思路和形式，以生动、有趣的方式呈现企业的品牌形象和产品特点，从而让用户快速了解企业并产生深刻印象。

再次，短视频内容应当与目标用户的兴趣和需求相契合，以增加用户的参与度和互动性。了解目标用户的兴趣爱好和消费行为，可以帮助企业制作更具吸引力的短视频内容。通过提供有价值的、有趣的、有共鸣的内容，企业能够增加用户的关注度，并引发用户的分享和转发。这种互动性强的内容能够吸引更多的目标用户，进一步提高品牌的曝光率和影响力。

最后，企业还应该注重短视频内容的持续更新和优化。随着用户使用习惯的变化，企业需要不断创新和改进短视频内容，以保持用户的兴趣和关注度。定期发布新的短视频内容，可以提高用户的回头率，并增加用户与品牌的互动。此外，通过分析用户反馈和数据，企业可以了解用户的喜好和需求，进一步优化短视频内容，提升用户体验效果。

5. 促进用户互动和分享

短视频平台具有社交化属性，为企业促进用户互动和分享提供了有效的渠道。通过用户的互动行为，企业可以增强用户参与感和认同感，并获得更多的曝光和口碑效应。通过用户的分享和传播，企业可以扩大品牌的影响力和用户的覆盖范围，吸引更多的潜在客户。因此，企业应充分利用短视频平台的社交功能，积极与用户互动，并采取相应的策略来鼓励用户的分享行为，以实现用户的参与和品牌价值的增长。

短视频平台提供了丰富的互动功能，如评论、点赞、分享等，使用户能够积极参与并表达对内容的喜爱或建议。用户可以通过评论与其他用户互动，分享自己的观点、体验或建议，与品牌进行直接的交流。这种互动性可以增强用户对品牌的参与感，使用户感觉自己被重视，从而建立起与品牌之间的情感联结。

用户的互动行为可以为企业带来更多的曝光和口碑效应。当用户在短视频平台上点赞或评论某个内容时，这个行为往往会在用户的社交圈子中得到传播。用户可能会将自己喜欢的短视频分享给朋友、家人或其他社交媒体平台的关注者，从而扩大了品牌的影响力和用户的覆盖范围。通过用户的分享和传播，企业可以获得更多的曝光机会，吸引更多的潜在客户。

用户的分享行为可以帮助企业建立良好的口碑。当用户对某个短视频内容产生共鸣时，他们往往会将其主动分享给自己的社交圈子，以展示自己的品位或体验。这种口碑传播可以为品牌树立信誉和形象，增加其他用户对品牌的信任度。由于口碑传播往往具有更高的可信度，潜在客户可能更倾向于选择那些得到他人认可和推荐的品牌或产品。

企业可以通过一些策略来促进用户的互动和分享。例如，可以设计有趣的、引人入胜的短视频内容，以吸引用户的关注和参与。还可以设置奖励机制，鼓励用户在短视频平台上进行互动和分享，如提供优惠券、礼品或抽奖活动等。这些策略可以激发用户的积极性，增加他们与品牌的互动和分享行为。

6. 帮助企业提升销售额

短视频平台为企业提升销售额提供了多种方式和机会。以下将介绍短视频平台的购买链接和二维码功能，以及数据分析和个性化营销策略，帮助企业提升销售额。

短视频平台允许企业在视频中插入购买链接或二维码，方便用户直接进行购买。当用户观看到吸引他的短视频内容时，他们可能会对产品或服务产生兴趣，并希望了解更多信息或立即购买。通过在视频中嵌入购买链接或二维码，企业可以提供便捷的购买渠道，让用户能够直接点击链接或扫描二维码进行购买。这种直接的购买方式可以缩短用户的转化路径，减少购买障碍，促使用户更快速地购买，从而提高销售额。

短视频的生动展示和社交互动可以激发用户的兴趣和好奇心，促使他们主动购买。相比文字或图片，视频形式能够更直观地展示产品或服务的特点和优势，引起用户的注意和共鸣。通过精心制作的短视频内容，企业可以生动地展示产品的使用场景、功能特点和用户体验，激发用户的购买欲望。同时，短视频平台提供了丰富的社交互动功能，如评论、点赞和分享，用户可以与其他用户交流和分享对产品的喜爱或体验，增加用户对产品的认同感和信任度，进一步推动购买行为的发生。

通过数据分析和用户行为追踪，企业可以了解用户的偏好和需求，从而进行精准的推荐和个性化的营销。短视频平台提供了丰富的用户数据和行为分析工具，企业可以通过分析用户的观看习惯、互动行为和购买历史等信息，了解用户的兴趣爱好、购买偏好和消费行为。基于这些数据，企业可以进行精准的产品推荐和个性化的营销活动，向用户展示他们感兴趣的产品或相关的推荐，提高销售转化率和客户满意度。例如，企业可以根据用户的购买历史和偏好，向其推荐适合的产品和服务，提高和升级企业的销售能力。

综上所述，短视频平台为企业提升销售额提供了多种方式。通过在短视频中插入购买链接或二维码，企业可以直接引导用户进行购买，提高销售转化率。短视频的生动展示和社交互动可以增加用户对产品的兴趣和好奇心，促使他们主动进行购买行为。通过数据分析和个性化营销策略，企业可以了解用户的偏好和需求，进行精准的推荐和个性化的营销，提高销售额和客户满意度。因此，企业应充分利用短视频平台的购买链接和二维码功能，结合数据分析和个性化营销策略，提高销售额并实现企业业务的增长。

第二章

短视频矩阵获客模型与运营

短视频矩阵是指由多个短视频平台构成的生态系统，用户可以在这些平台上生成、分享短视频内容并互动。本章介绍了短视频矩阵获客的模型与类型、矩阵号搭建、短视频 IP 矩阵运营、个性化获客策略、短视频矩阵运营数据分析等多个方面，旨在为企业提供全面的短视频矩阵运营指导和解决方案。

短视频矩阵获客模型及其优势——以抖音矩阵为例

短视频矩阵获客模型是指在短视频矩阵中利用平台流量和用户基础，通过制作和发布吸引人的短视频来获取潜在客户，并将其转化为实际消费者或忠实用户。短视频矩阵和短视频矩阵获客模型是相互关联的，二者共同构建了一个多样化内容和营销策略相结合的生态系统。

本书将探讨抖音矩阵中的短视频及运营、短视频矩阵获客模型及其优势这两部分内容，如图 2-1 所示，同时强调指出，抖音平台的短视频矩阵和短视频矩阵获客模型都注重通过创建多个关联账号、互相合作、交叉推广来等增加品牌曝光和吸引用户。

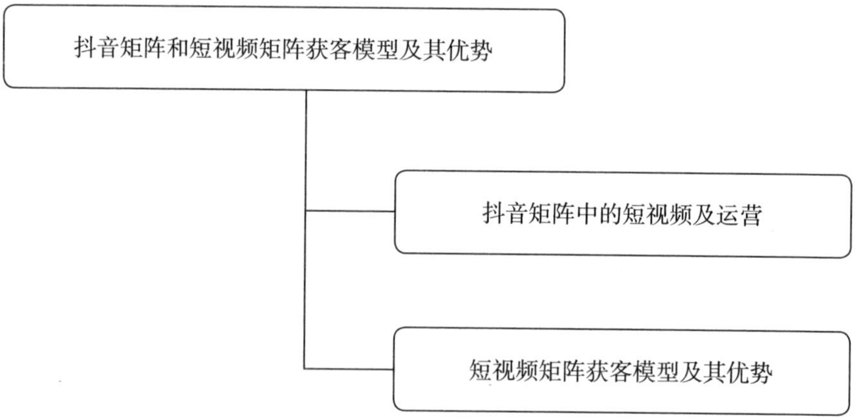

图2-1　抖音矩阵和短视频矩阵获客模型及其优势

1. 抖音矩阵中的短视频及运营

抖音短视频矩阵是一种高效的推广运营策略，它通过在同一品牌下建立多个分工明确、相互导流的账号，实现全方位的推广，提升粉丝数量和吸引精准用户，从而提高账号和品牌的商业价值。

从类型上看，抖音短视频矩阵主要有团队矩阵、MCN 机构矩阵和个人矩阵三种。团队矩阵通常由团队成员共同创建主账号，然后根据需要划分其他账号，或者先集中在一个账号上打造 IP，再通过该 IP 转发其他账号的内容。MCN 机构矩阵则注重矩阵式的影响力，每个账号都有良好的业绩，互相引流导量，进行广告推广或合作。个人矩阵则是个人开设一个主账号和一个子账号，但这种模式存在一些缺点，如对个人 IP 贡献小，容易被识别为营销账号等。

在搭建抖音短视频矩阵时，首先需要明确目标人群和他们的需求偏好，以此为基础选择合适的账号定位和内容策略。创建具有不同定位和风格的账号，并确保每个账号具有独特且一致的内容策略，以吸引目标人群并建立品牌形象。

运营抖音短视频矩阵时，短视频引流是最有效的曝光方式。通过嘉宾共同制作视频、互相客串等方式增加曝光度。同时，利用标题区互动和评论区互动也能实现吸引流量的目标。标题区的自动定位属性可以方便用户直接进入，评论区的活跃互动可以激发粉丝的好奇心，引导他们关注子账号。

2. 短视频矩阵获客模型及其优势

短视频矩阵获客模型是基于抖音、快手、小红书、B 站等短视频平台的一种营销策略，旨在通过创建多个关联账号及账号间相互合作，吸引更多的用户并增加品牌曝光。这种模型与抖音短视频矩阵在构建多账号体系、内容差异化、账号互动与合作、交叉推广、利用平台功能以及数据分析与优化等方面具有显著的相似性。这两种模型都是通过整合和优化短视频平台资源，实现更高效用户吸引和品牌推广目标。

首先，两者都强调了多账号策略的重要性。在各自的模型中，企业或品牌会在同一或多个短视频平台上创建多个关联账号，包括主账号和分支账号。这些账号各有其独特的特色和定位，旨在吸引不同类型的用户群体，从而扩大品牌的覆盖范围和影响力。

内容差异化是这两种模型的核心要素。无论是短视频矩阵获客模型还是抖音短视频矩阵，都注重发布多样化的内容以满足不同受众的需求，如在抖音上发布娱乐搞笑的视频来吸引年轻用户等。这种策略有助于吸引更广泛的用户群体，提高品牌知名度和影响力。

账号之间的互动与合作在两种模型中都扮演着关键角色。企业可以通过相互点赞、评论、合作拍摄视频等方式增加曝光和互动，提升品牌影响力，并与其他企业账号共同吸引更多用户。这种合作方式不仅能够扩大企业的品牌影响力，还能增强用户的参与感和忠诚度。

交叉推广和粉丝增长也是短视频矩阵获客模型与抖音短视频矩阵的共同特点。通过账号之间的交叉推广，当一个账号的粉丝关注了其他关联账号时，品牌的曝光范围就会扩大，影响力也会随之增强。这种方式有助于吸引更多的新用户，也能提高现有用户的活跃度和参与度。

两种模型都充分利用了短视频平台提供的各种功能，如直播、购物和电商平台等，以增强用户的黏性和互动性，产生更多的商业机会和收益。通过这些功能，企业可以提供更加丰富和多元化的用户体验，进一步提升品牌的价值和吸引力。

数据分析与优化是短视频矩阵获客模型和抖音短视频矩阵共同的运营要点。无论哪种模型，都需要对数据进行持续监测和分析，以便了解用户行为、内容效果和营销策略的效果。根据这些数据，企业可以进行适时的调整和优化，以实现更好的获客和转化效果。

常见的短视频营销矩阵类型

短视频矩阵是一种多元化的营销策略，它包括多种类型的短视频，旨在通过不同的内容和形式来达到营销的目的。短视频营销矩阵的出现是由于短视频平台获得了大量的流量红利、用户行为转变、视频传播效果、创意和创新需求及社交互动性等因素的影响。这些因素使企业认识到在短视频平台上进行营销是获取用户关注和促进品牌传播的有效途径。下面将介绍几种目前常见的短视频矩阵类型及其各自的优势。常见的短视频营销矩阵类型如图 2-2 所示。

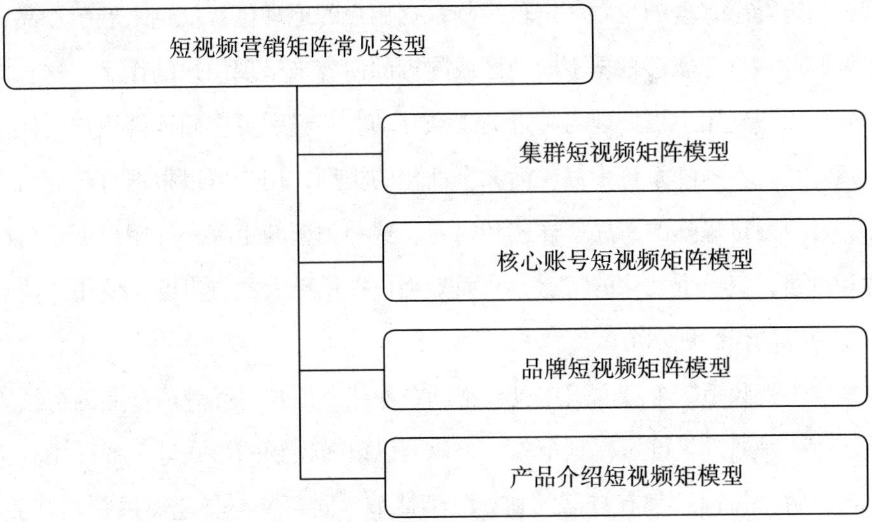

图2-2　短视频营销矩阵常见类型

1. 集群短视频矩阵模型

集群短视频矩阵模型是由一系列相关主题或故事的短视频组成的集合，每个短视频都是一个独立的故事，但它们之间相互关联，形成一个完整的短视频矩阵。

例如，抖音矩阵系统中有抖标准矩阵、网格矩阵、列表矩阵、定位矩阵和自定义矩阵五种基本类型。这些矩阵构成了一个集群系统，为用户提供了丰富的内容管理和展示方式，帮助用户更好地管理和展示自己的作品。抖标准矩阵是抖音矩阵系统中最基本的类型，它以时间顺序排列和展示用户的作品。用户可以通过滑动屏幕来查看更多作品，并直接点击观看感兴趣的视频。这种类型的矩阵简洁明了，适合展示用户的作品集合。网格矩阵采用了网格布局来展示用户的作品，每个作品都被放置在一个小方格中，用户可以通过滑动屏幕来浏览并点击观看作品。网格矩阵以其整齐有序的外观获得了许多用户的喜爱。列表矩阵以垂直列表的形式展示用户的作品，每个作品以一个垂直条目的形式显示，并且可以通过滑动屏幕来查看更多作品。列表矩阵适合展示较多数量的作品，使用户可以更快速地浏览和选择感兴趣的视频。定位矩阵根据用户的地理位置信息来展示作品，通过定位服务，抖音能够根据不同地区或附近的内容来呈现用户的作品。这种类型的矩阵可以帮助用户更好地与附近的观众互动，并吸引更多同地区用户关注。自定义矩阵是抖音矩阵系统中最灵活和个性化的类型，用户可以根据自己的需求和喜好，自由设定矩阵的布局、样式和内容。这种类型的矩阵允许用户展示自己的创意和风格，突出个性化的特点，从而为用户提供更大的自由度，使用户能够打造独一无二的作品展示方式。

集群短视频矩阵模型的运用可以帮助企业建立用户对品牌或产品的持续兴趣和关注。一是通过集群短视频矩阵，企业可以以短视频的形式呈现各种相关主题或故事，每个短视频都有自己的独立故事情节，同时又与其他短视频相互关联，形成一个有机的整体。这种方式能够吸引用户的注意力，引发用户的好奇心和兴趣，从而促使他们持续地关注和关心品牌或产品。二是通过将相关主题或故事串联在一起，企业可以创造一个引人入胜的视频体验环境，用户可以在观看每个独立的短视频时感受到故事的连贯性和完整性。这种连贯性和完整性可以激发用户的好奇心，使他们更愿意深入地了解品牌或产品。三是通过集群短视频矩阵模型，企业还可以引发用户对品牌或产品的持续兴趣和关注。用户对短视频矩阵的关注不仅停留在单个短视频上，他们会被吸引进入整个矩阵，不断地探索和关注新的故事。这种持续的兴趣和关注可以帮助企业建立起稳定的用户群体，增强品牌或产品的认知度和影响力。

值得一提的是，集群短视频矩阵模型在政务中的应用具有重要作用和意义。主要有这样五个方面：一是向观众传达各类信息，如旅游景点介绍、特色美食推荐、交通指南等。通过精心制作和发布各个主题的短视频，可以吸引更多观众的关注，提升地方知名度和形象。二是展示本地的特色文化、传统手艺、民俗活动等，吸引游客和观众的兴趣。例如，可以创建一个专门介绍当地美食的账号，一个专门介绍旅游景点的账号，以及一个展示本地传统文化的账号等。这样，观众可以通过不同的账号了解地方的多个方面，增加对地方的好奇心和兴趣。三是提供政务服务和与民众的互动。例如，可以创建一个政务服务账号，发布政府政策、办事指南等信息，回答民众的问题和疑虑。同时，还可以通过互动形式，如在线问答、投票调查等，与民众进行更深入的交流和互动，增加政府部门与群众之间的沟通和信任。四是吸引更多用户参与和互动。观众可以通过点赞、评论、分享等方式与政府账号互动，表达对内容的喜爱和支持。这种互动可以增加用户的参与感和忠诚度，同时也有助于粉丝的转化，将观众转化为地方的支持者和忠实的游客。五是打造独特的品牌形象和吸引力。通过精心制作和发布与地方相关的内容，展示地方的优美风景、丰富的人文内涵等，可以让观众对地方产生好感和兴趣。这种品牌形象的建立和吸引力的提升将有助于吸引更多游客和投资者，推动地方经济的发展。

2. 核心账号短视频矩阵模型

核心账号短视频矩阵模型是由一个核心账号加子账号组成的矩阵。核心账号以某个“核心”为核心，衍生出和这个“核心”相关的多个相互关联的账号，比如，以品牌、企业为核心；以服务为核心；以达人为核心；以团队关系为核心；以一种成功模式为核心等。在这种模型中，核心账号发布内容后，其他子账号可以进行联动转发，具有内容覆盖面大，多次触达粉丝，形成持续的影响力等优势。

例如，华为的整个短视频矩阵采用了一种“企业号+品牌具体项目号+授权门店号+员工号”的形式。在这个矩阵中，“企业号”被视为核心账号，注重强调“一个核心”的理念。这意味着将核心账号作为原点，引导和规范其他账号的宣传方向，从而实现始终保持一个声音的目标。核心账号起到引导和规范的作用，确保整个矩阵的宣传方向一致，同时其他账号也能够有针对性地传播与其相关的信息。这种整合的短视频矩阵有助于提升华为品牌的曝光度和影响力，同时也能够更好地与目标受众进行互动和沟通。

核心账号短视频矩阵模型的应用可以带来以下四个方面的好处：一是提升内容传播效果。核心账号发布的内容可以通过子账号的联动转发，以及重新编发的方式，在不同的渠道和平台上得到传播。这样可以扩大内容的覆盖面，触达更多的观众，提升内容的传播效果。子账号的转发和重新编发也可以根据不同的平台特点和受众需求进行优化，使内容更加贴合受众的兴趣和需求。二是增加粉丝互动和参与度。通过核心账号和子账号的互动，可以增加粉丝的互动和参与度。核心账号发布的内容可以引发粉丝的讨论和分享，而子账号的联动转发和重新编发可以促使粉丝在不同的平台上参与讨论和互动。这样可以增强粉丝对内容的关注度和对品牌的认同感，形成良好的粉丝互动社区。三是增强品牌影响力和认知度。核心账号短视频矩阵模型可以通过多次触达粉丝形成持续的影响力。通过在不同的平台上发布和转发内容，可以提升品牌的曝光度和认知度。粉丝在多次接触品牌内容后，会逐渐建立起对品牌的信任和认同，从而增强品牌的影响力。四是优化内容策划和分发。核心账号短视频矩阵模型可以帮助企业优化内容策划和分发。通过核心账号和子账号的协同工作，可以更好地规划和安排内容的发布时间和内容形式。同时，可以根据不同的平台特点和受众需求，对内容进行重新编排和调整，以提高内容的吸引力和影响力。

3. 品牌短视频矩阵模型

品牌短视频矩阵模型是建立在一系列账号矩阵上的，旨在确保品牌风格一致性的营销策略。这种矩阵运营可以极大地提升品牌在平台上的曝光率，通过统一的品牌形象账号进行矩阵运营。品牌宣传短视频矩阵着重展示品牌的核心价值、形象和企业文化。通过一系列精心制作的短视频，可以增强品牌的认知度和用户对品牌的好感度，从而提升品牌的影响力。

例如，华为在抖音平台上的品牌经销商矩阵账号对华为产品的销量贡献非常大。其中，@华为授权体验店（红安城关镇小北街店）是最成功的账号之一，仅一个月的直播预估销售额就达到 700 万元。这个账号由湖北黄冈红安县的一家华为授权体验店经营，从 2 月开始发布视频到 5 月，账号的定位不够清晰，内容涉及剧情、知识和产品介绍等，比较混乱。到 6 月 1 日，尽管每周发布 3 条视频，账号只有 3 万粉丝。从 6 月开始，这个账号的风格发生了改变。原账号主人公变成了主播，内容统一转向直播间的福利产品预告和华为手机知识分享，视频背景也改为华为 LOGO 墙。同时，他们开始频繁进行店播，每天晚上 18 时开始，每场直播持续 5 至 6 小时。仅在两个月的时间内，从 6 月 1 日至 7 月 30 日，这个账号的粉丝数量突破了 20 万。

品牌短视频矩阵模型的运用具有以下四个方面的优势：一是统一品牌形象。通过建立一系列账号矩阵，品牌短视频矩阵模型可以确保品牌在不同平台上的呈现方式和形象一致。这种一致性可以增强用户对品牌的辨识度，让用户在不同的平台上都能感受到品牌的独特风格和价值。二是提升曝光率。通过品牌短视频矩阵模型，品牌可以在不同的账号上发布相关的短视频内容。这样可以扩大品牌在平台上的曝光率，让更多的用户接触到品牌。同时，不同账号之间的联动转发和互动也可以进一步提升品牌的曝光度和可见性。三是强化品牌价值和品牌文化。品牌宣传短视频矩阵通过一系列精心制作的短视频，可以突出品牌的核心价值、形象和文化。这种方式可以让用户更深入地了解品牌，与品牌产生共鸣，并形成对品牌的好感度。通过展示品牌的独特价值和文化吸引目标用户，建立品牌与用户之间的情感联结。四是提高用户参与度。品牌短视频矩阵模型可以激发用户的参与度和互动性。通过精心设计和制作的短视频内容，品牌可以引发用户的讨论和分享，增加用户与品牌之间的互动。用户可以在不同的账号上参与评论、点赞和分享，从而增强用户的参与感和对品牌忠诚度。

4. 产品介绍短视频矩模型

产品介绍短视频矩阵模型是一种用于推广特定产品和服务的营销策略。通过短视频形式展示产品的特点、功能和使用场景，吸引用户的兴趣，激发购买欲望，从而提高销售转化率。

例如，字节跳动踩准短视频爆发期，打造了“抖音 + 火山小视频 + 西瓜视频”的产品矩阵，并且这三款产品各具特色，可实现相互导流，加强了字节跳动在短视频领域的话语权。抖音作为字节跳动的旗舰产品，以其独特的内容创作和分享机制吸引了大量用户。抖音的短视频形式和个性化推荐算法使其成为用户喜爱的社交娱乐平台之一。火山小视频专注于短视频创作和分享，注重用户生成内容的展示和传播，给用户提供了更多的创作工具和编辑功能，以满足创作者的需求，从而吸引了一部分对于创作有较高要求的用户。西瓜视频则聚焦于短视频内容的聚合和分发，通过精准的内容推荐和个性化的用户体验，吸引了广大用户群体。西瓜视频的强项在于内容的多样性和覆盖面广，满足了用户对于不同类型短视频的兴趣需求。这三款产品之间实现了导流，用户在其中一个产品上的使用和互动可以引导他们去尝试其他产品，形成了用户黏性和平台生态的增强。同时，这个产品矩阵的构建也为字节跳动在短视频领域建立了优势，增强了其在市场竞争中的竞争力和地位。

产品介绍短视频矩阵模型的运用具有以下四个方面的优势：一是强调产品特点和功能。通过短视频，可以直观地展示产品的特点和功能。短视频可以通过视觉、声音和文字等元素，生动地展现产品的外观、性能、使用方法等信息。这种方式可以吸引用户的注意，让用户更好地了解产品的价值和优势，从而增强其对产品的兴趣和购买欲望。二是演示产品使用场景。产品介绍短视频矩阵模型可以通过展示产品在实际使用场景中的应用，向用户展示产品的实际效果和体验。通过精心制作的短视频，可以展示产品解决问题、提供便利和带来乐趣的能力，让用户更好地理解产品的实际价值，并激发购买欲望。三是提高用户参与度。产品介绍短视频矩阵模型可以通过设计具有吸引力的内容和形式，增加用户的参与度。例如，可以在视频中加入互动元素，引导用户参与评论、点赞或分享等行为。这样可以增强用户与产品之间的互动，提高用户对产品的关注和忠诚度。四是多平台覆盖和传播。通过短视频矩阵模型，可以将产品介绍视频发布在不同的平台上，扩大视频的覆盖面。可以在主要的社交媒体平台、视频分享平台等发布视频，借助平台的社交效应和传播力量，让更多的用户接触产品介绍视频，增加产品的曝光度，扩大传播范围。

另外，除上述几种常见的短视频营销矩阵类型，还有用户体验短视频矩阵、互动式短视频矩阵、衍生短视频矩阵、平行短视频矩阵和跨平台短视频矩阵等。用户体验短视频矩阵通过展示用户的使用场景、反馈和成功案例，可以增强用户的信任感和购买意愿。互动式短视频矩阵通过与用户的互动来增加用户参与度和互动性，如发布一系列有趣的挑战、互动游戏或投票活动，可以吸引用户的注意力，增加用户黏性和分享欲。衍生短视频矩阵模型是指通过一个主要的短视频衍生出多个相关内容的短视频，其中的主要短视频可以是一部宣传片、广告或故事片，而衍生的短视频则可以是对主要短视频的延伸、解读或补充。通过衍生短视频矩阵，企业可以更深入地传达品牌或产品的核心信息。平行短视频矩阵模型是一种在同一时间段内发布多个相似或相关的短视频，这些短视频在主题、场景或风格上可能有所变化，但它们都指向同一个目标，据此企业可以提供更多样化的内容选择，满足不同观众的需求。跨平台短视频矩阵是一种在不同的社交媒体平台上发布多个短视频，其通过有效整合覆盖更广泛的受众，并增加品牌的曝光度。限于篇幅，这些矩阵类型在此不再展开讨论。

构建短视频矩阵模型——矩阵号搭建方法

建立一批不同 IP 的矩阵账号并通过对直播切片进行传播，既可以增加产生爆品的可能性，又可以保障获得基础流量。短视频矩阵中的账号可以是不同平台上的短视频账号，也可以是同一平台内的多个账号。每个账号在短视频矩阵中都有不同的职能划分，例如一个账号负责品牌推广，另一个账号负责宣传产品特点等，从而实现更高效的短视频营销策略。

1. 短视频矩阵号的搭建形式

短视频矩阵号的搭建形式有团队短视频矩阵、品牌短视频矩阵、经销商号 / 店铺号、员工号 / 总裁号、MCN 矩阵等多种形式，如图 2–3 所示。这些形式一般是以一个主账号为核心，通过成员账号之间的互动和合作，形成一个协同运作的矩阵。各个账号之间的互动和合作，以及对粉丝的引流和互动，是短视频矩阵号成功的关键。

（1）团队短视频矩阵

这是一种在企业团队账号中建立的粉丝群体，它通过一个主账号和多个成员账号的组合，形成一个庞大的团队矩阵。在这个矩阵中，团队的成员通过出镜和互相导流，共同吸引粉丝和观众的关注。

一个典型的团队短视频矩阵中，主账号通常具有较高的粉丝量和知名度。这个主账号扮演着引领团队的角色，通过发布内容、与粉丝互动等方式与观众建立联系。同时，团队的其他成员也在主账号中出现，与粉丝进行互动和交流。这种团队内部成员之间的互动和合作，为粉丝提供了更多的内容和观点，增加了他们的参与感和忠诚度。此外，团队成员在团队矩阵中也拥有自己的个人账号。通过个人账号，他们可以展示自己的特色和才华，与粉丝建立更加亲密的联系。这种个人账号与主账号之间的互动，使团队内的成员可以相互导流，互相支持和宣传。这种相互合作的方式，不仅能够增加团队的曝光度和影响力，还能够为粉丝提供更丰富多样的内容。

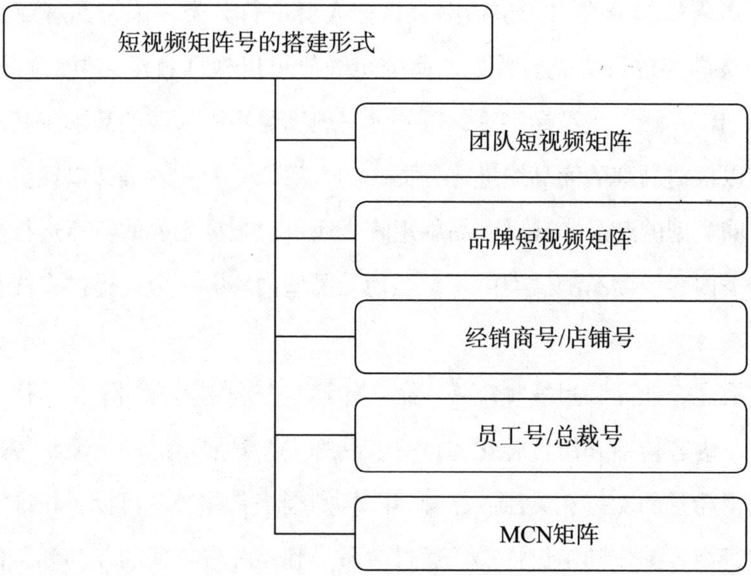

图2-3　短视频矩阵号的搭建形式

（2）品牌短视频矩阵

这是企业为了更好地利用短视频平台的优势而逐渐采用了企业品牌短视频矩阵的搭建形式。在这个矩阵中，品牌主账号和品牌矩阵号共同发挥作用，实现精准定位、内容传播和销售转化的目标。

品牌主账号是品牌短视频矩阵的核心。作为代表品牌官方形象的主账号，它通常具有较长的运营时间和庞大的粉丝数量，并且获得了蓝 V 认证。品牌主账号扮演着展示品牌权威形象、品牌正面曝光的角色。通过主账号，企业能够向粉丝传递品牌的核心价值观和形象，并与粉丝建立紧密的联系。同时，通过长期的运营和粉丝积累，品牌主账号也能够为企业带来稳定的收入贡献。

与品牌主账号相辅相成的是品牌矩阵号。品牌矩阵号是具有品牌官方性质的子账号，其服务于某个具体的经营目标、子品牌、商品线或子公司。品牌矩阵号围绕具体的经营目标进行内容制作和发布，精准定位目标人群，并带动某个分类的商品进行销售。同时，品牌矩阵号与主账号合作，进行内容传播和销售转化的放大。

品牌矩阵号的分类方式包括围绕目标人群进行分类、围绕品牌商品线进行分类及围绕内容进行分类。首先，品牌矩阵号可以根据目标人群的特征进行分类，如性别、年龄、兴趣标签等，以便更好地满足不同人群的需求。其次，品牌矩阵号可以根据品牌的商品线进行分类，如入门款、专业款等，以便更好地推广和销售不同类型的产品。最后，品牌矩阵号还可以根据内容的特点进行分类，如品牌宣传类内容、商品测试类内容、互动亲民型内容等，以便提供多样化的内容体验。

通过搭建企业品牌短视频矩阵，企业能够充分利用短视频平台的优势，实现精准定位、内容传播和销售转化的目标。品牌主账号展示品牌形象，传递核心价值观，获得粉丝的支持和关注。品牌矩阵号则围绕具体经营目标，精准定位目标人群，进行内容制作和销售推广。通过主账号和矩阵号之间的互动和合作，企业能够实现品牌形象的传播和销售转化的最大化。

（3）经销商号 / 店铺号

这是由经销商、线上分店或线下门店作为人员班底进行运营的账号。这些账号扮演着品牌与商家之间的桥梁角色，通过与合作伙伴的紧密合作，为品牌提供更广泛的销售渠道和更多的商业机会。经销商号 / 店铺号的运营者可以充分利用自身的资源和渠道优势，通过线上线下的多样化经营方式，为品牌开拓新的市场，吸引更多的消费者。

经销商号 / 店铺号的价值在于它们能够与不同渠道的资源同步运营多个平行账号。通过与经销商、合作商和门店等合作，品牌可以将产品和服务推广到更广泛的市场，覆盖更多的目标消费群体。这些合作伙伴拥有丰富的客户资源、地理位置优势和行业经验，能够为品牌带来更多的曝光和销售机会。同时，经销商号/店铺号的运营者也能够通过与品牌的合作，提升自身的知名度和竞争力，实现共赢的商业模式。

（4）员工号/总裁号

这是以员工、总裁、部门团队、粉丝后援会、团建生活等具体人设为基础打造的个人账号。这些账号不仅代表着企业的形象和价值观，更具有独特的个性和魅力。通过员工号/总裁号的运营，企业可以借助这些个人账号的形象和故事，与粉丝建立更加亲密和深入的联结。

员工号/总裁号的价值在于打造更加具象化的人设。通过个人账号的运营，企业可以将员工、总裁等具体人设形象化，使其更加接地气和亲民化。这种具象化的人设能够引起粉丝的共鸣和关注，使粉丝更容易与企业建立情感联系。同时，通过个人账号，企业可以展示员工的专业知识、经验分享、产品设计巧思、工作场景等具体内容，增加粉丝对企业和产品的信任和认同。

根据不同的人设，员工号/总裁号可以进行多样化的分类。比如，总裁号可以用于发放福利、分享企业内部动态和决策过程，设计师可以讲解款式设计巧思和创意灵感，员工可以分享产品具体使用场景和心得，以及展示轻松幽默的工作氛围，工厂介绍可以展示生产流程和质量保障等。通过这样的分类，员工号/总裁号能够满足不同粉丝群体的需求，提供多样化的内容和互动方式。

以电子数码行业为例，华为和小米都具有相对完善的企业/品牌矩阵。华为通过企业号、品牌具体项目号、授权门店号和员工号等多个账号形式展示其全面的企业形象。而小米则通过品牌号、总裁号、授权门店号和员工号等个人账号形式，将公司的理念、产品和企业文化更加生动地呈现给粉丝。

（5）MCN 矩阵

这是目前在抖音平台上被广泛应用的一种影响力矩阵形式。每个 MCN 机构旗下拥有多个抖音账号，有些账号展现出非凡的表现力，甚至达到了头部大号的规模。这些头部大号之间相互引流导量、宣传推广及合作，形成了一个庞大而高效的 MCN 矩阵，洋葱集团就是典型案例。

MCN 矩阵的形成对于抖音平台上的内容创作者和品牌营销来说都具有重要意义。对于内容创作者而言，加入一个 MCN 机构能够获得更多资源和支持，快速提升曝光度和粉丝数量，同时也能与其他账号进行合作和互动，扩大影响力。对于品牌营销而言，与 MCN 矩阵中的头部大号合作能够借助他们的影响力和粉丝基础，达到产品宣传和推广的效果。

2. 短视频矩阵号的搭建方法

短视频矩阵号的搭建方法可以通过矩阵多账号的职能划分、新号的养号方法、主账号和子账号任务创建及短视频内容的制作与分发来实现，如图 2-4 所示。合理规划和运营短视频矩阵，能够提升影响力和曝光度，吸引更多用户的关注和参与。

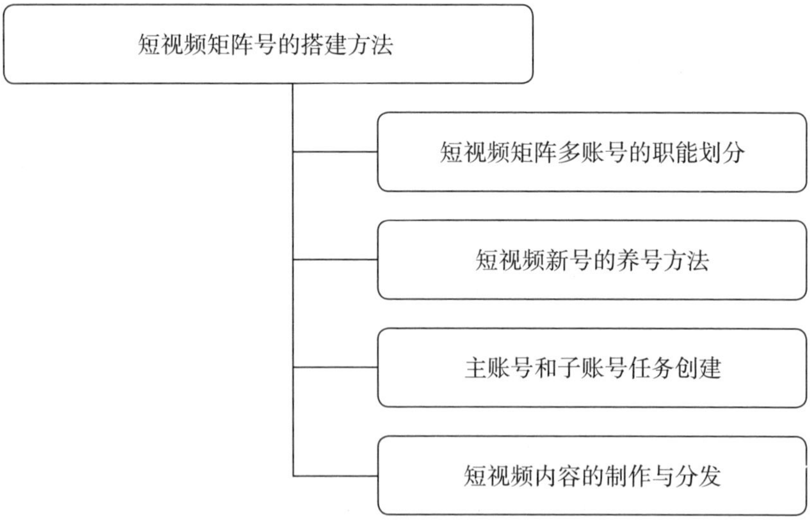

图2-4　短视频矩阵号的搭建方法

（1）短视频矩阵多账号的职能划分

在构建短视频矩阵号时，首先需要确定每个账号的职能。不同账号承担不同的角色和内容定位，以满足不同的受众需求和市场需求。可以设立一个主账号，用于展示整个短视频矩阵的品牌形象和核心价值观，还可以设立多个子账号，每个子账号专注于特定的领域或主题，以提供更加专业和多样化的内容。例如，一个账号可以专注于发布企业宣传片、产品介绍和品牌故事，而另一个账号则可以用来分享员工日常、企业文化和行业动态。

（2）短视频新号的养号方法

在搭建短视频矩阵的过程中，需要考虑如何培养新号。常见的方法是通过主账号或已有账号引流，将关注和流量导入新号中。可以在主账号的推荐或关注列表中推荐新号，或者通过子账号之间的相互引流实现新号的成长。此外，还可以通过与其他优质账号的合作和互动，提升新号的曝光度和知名度。

（3）创建主账号和子账号任务

主账号在短视频矩阵中起到整合和引导的作用，影响整个矩阵的发展战略和内容规划。主账号可以负责发布短视频矩阵的核心内容，引导用户关注并吸引流量。而子账号则可以根据各自的特点和定位，承担特定的任务。例如，可以有一个子账号专注于搞笑内容，另一个子账号专注于美食分享。通过合理的任务划分实现短视频矩阵的内容多样化和覆盖面的扩大。

（4）制作与分发短视频内容

短视频矩阵的成功离不开优质的内容制作和精准的分发。在短视频内容制作过程中，需要注重内容的吸引力和创意性。通过精心策划、拍摄和后期剪辑，确保短视频的质量和视觉效果。同时，可以运用一些创新的手法和技巧，如故事叙述、动画、特效等，使短视频更加生动有趣，提升用户的观看体验。在完成短视频的制作后，要将短视频同时发布到不同的社交平台上，以扩大触达范围和增加曝光机会。为了更好地实现短视频的多平台分发，可以采用一些多平台分发工具和策略，以提高分发效率和效果。

短视频IP矩阵的打造及IP运营方法

短视频 IP 矩阵是指基于短视频平台的知识产权创作和运营模式。它通过在短视频平台上创建和管理一系列相关的 IP 内容，构建一个 IP 矩阵，以实现品牌推广、粉丝运营和商业变现等目标。在短视频 IP 矩阵中，IP 可以是一个角色、一个故事、一个概念或一个品牌。企业在短视频平台上通过创作和发布相关 IP 的短视频内容，与观众进行互动和传播。IP 矩阵通过多样化的 IP 内容创作，吸引用户的关注和参与，建立起自己的粉丝群体和社区。

对于企业而言，如何在众多的短视频中脱颖而出，展示独特的品牌形象和价值，是一个需要解决的现实问题。而企业打造并运营短视频 IP 矩阵及需要一种高效的解决方案。现实中就有许多这样的实例。腾讯视频在短视频矩阵搭建中通过打造明星 IP 的短视频频道，提供专属内容和互动活动，吸引了大量用户参与和关注，实现了品牌曝光和用户转化。美的集团通过在抖音、快手等平台发布有趣的家电使用技巧、产品展示和用户案例视频，吸引了大量用户关注和参与，有效推动了产品销售和品牌传播。

接下来，本书将针对企业如何在抖音上打造短视频 IP 矩阵及进行 IP 运营提出一些建议，如图 2-5 所示，旨在助力企业在抖音平台上有效提升品牌影响力。

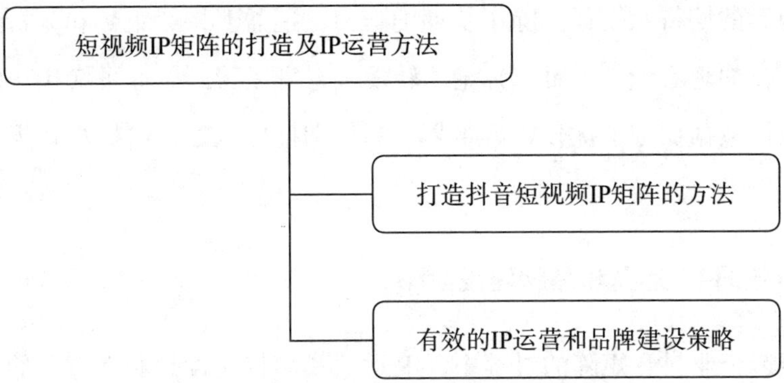

图2-5 短视频IP矩阵的打造及IP运营方法

1. 打造抖音短视频 IP 矩阵的方法

企业在抖音上打造短视频 IP 矩阵，可以有效增强品牌的曝光度、用户参与度和品牌忠诚度。打造过程中重要的是保持创意和创新，并与用户建立积极互动，以建立强大而有吸引力的短视频 IP 矩阵。

打造短视频 IP 矩阵首先需要企业明确自己的品牌形象和核心价值观。这将成为打造短视频 IP 的基础。确定品牌的定位、风格、目标受众等关键要素，以便在内容制作和推广过程中保持一致性。内容可以是多样化的，包括产品展示、故事讲述、行业见解、用户参与等。通过提供丰富多样的内容，企业可以吸引不同类型的用户并促进用户参与和互动。

在制作短视频内容时，注重创意和创新是关键。通过精心策划和制作有趣、引人入胜的短视频，可以吸引用户的注意力并促进内容的分享和传播。使用吸引人的视觉效果、动态元素和背景音乐等，提升用户的观看体验。同时，鼓励观众参与是建立短视频 IP 矩阵的重要策略。通过制作与用户互动的内容，如调查问卷、挑战活动、评论互动等，可以增加用户的参与度，并促使他们与品牌建立更深入的联结。

建立短视频 IP 矩阵需要长期的持续努力。企业应该保持频繁的发布和更新频率，以保持用户的关注度和兴趣。通过定期发布新的短视频内容，建立起用户对品牌内容的期待和信任。除了长期的努力，还需要持续跟踪和分析短视频的数据指标，如观看量、点赞、评论、转发等，可以帮助企业了解用户的喜好和行为。根据数据反馈，优化内容策划、制作和推广策略，以提高效果和用户参与度。

2. 有效的 IP 运营和品牌建设策略

在打造企业抖音矩阵的过程中，IP 运营和品牌建设是非常重要的。通过有效的 IP 运营和品牌建设策略，企业可以在抖音平台上建立起独特的形象和强大的品牌影响力。这将有助于吸引更多用户的关注和参与，提升企业在市场中的竞争力和知名度。

IP 运营首先要打造企业 IP。企业应该通过持续、有特色的内容输出来打造独特的企业 IP。这意味着企业应该在抖音上发布与自身品牌形象和核心价值观相关的内容，以增强用户对企业的识别度和联结感。内容可以是有趣的故事、行业见解、产品展示等，帮助企业在用户心中建立起独特的形象。

IP 运营还需要跨平台推广。将抖音上的短视频内容与其他社交平台进行跨平台推广，可以帮助企业扩大品牌的影响力和曝光度。通过在其他平台上分享抖音短视频的链接或截图，吸引更多用户从不同渠道观看和参与企业的内容，进一步扩大品牌的传播力。

品牌建设方面要注重品牌合作与联动。应与其他品牌或抖音网红进行合作，共同推出推广活动，以提升品牌的曝光度和用户参与度。通过与具有类似目标受众和价值观的品牌合作，可以吸引更多用户的关注和参与。与知名的抖音网红合作，可以借助其粉丝基础和影响力，进一步提升品牌的曝光度。

另外，在运营 IP 矩阵时，有一些注意事项需要考虑：一是网络和 IP 切换。当在同一个网络下切换账号时，应注意不要超过限制。如果超过了限制，建议重新拨号或切换 IP，以避免触发账号异常或封禁的风险。保持账号的正常运营状态是非常重要的。二是错开发布时间。如果企业有多个账号在 IP 矩阵中运营，建议在发布内容时尽量错开时间，避免在同一时间发布。这样可以确保企业的短视频内容在抖音平台上得到更均衡的曝光，避免给用户带来重复感和疲劳感。三是差异化内容。针对不同的账号定位，确保内容具有一定的差异。不同的子账号应该有自己的特色和定位，以吸引特定的受众。避免账号之间内容雷同，可以提供多样化和个性化的内容，增加用户的兴趣和参与度。四是统一品牌形象。尽管内容需要差异化，但在整个 IP 矩阵中，仍然需要保持统一的企业品牌形象。确保不同账号之间的内容风格、视觉设计和语言表达与企业品牌的整体形象保持一致，以提高企业品牌的识别度和一致性。五是持续监测和管理。定期监测 IP 矩阵中账号的运营情况，包括账号的活跃度、用户互动和内容效果等指标。及时发现问题并采取解决措施，如调整内容策略、优化账号运营、回应用户反馈等，以确保 IP 矩阵的稳定和良好运营。

短视频矩阵运营中个性化的获客策略

短视频矩阵运营过程中，个性化的获客策略和方法具有重要的意义。通过了解用户需求、提供个性化的内容和服务，能够增强用户体验、提高营销效果，并建立竞争优势。同时，个性化获客也需要依赖数据驱动的决策，使企业能够更加精确和科学地进行运营和推广。

本书将以某家时尚电商公司为例，阐述短视频矩阵运营中个性化的获客策略。通过深入了解用户画像，推动用户参与 UGC 创作，以及利用数据驱动的个性化营销策略，如图 2-6 所示，该公司成功吸引了目标用户的关注，增加了用户互动和转化，提升了品牌影响力和销售业绩。

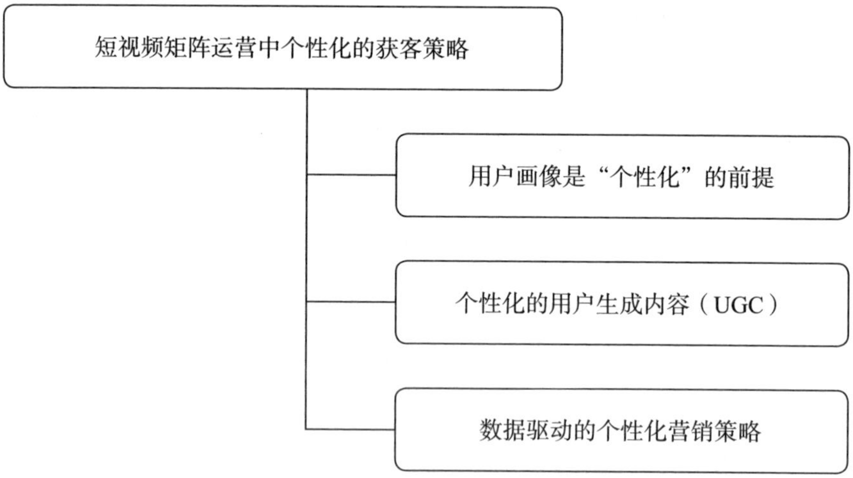

图2-6 短视频矩阵运营中个性化的获客策略

1. 用户画像是“个性化”的前提

通过建立用户画像和深入分析用户数据，企业可以更好地了解目标用户，了解其行为模式和偏好，为其提供个性化的获客体验。这家公司通过数据分析和用户调研，建立了丰富的用户画像库。他们细分用户群体，分析用户的兴趣、喜好、消费习惯等因素，将用户分为不同的个性化群体，为后续的个性化获客策略奠定了基础。

用户画像是对目标用户的详细描述，包括基本信息（如年龄、性别、地域）、兴趣爱好、消费习惯等。企业可以通过多种渠道收集用户数据，包括抖音平台的用户行为数据、注册信息、社交媒体数据等。这些数据包括用户的观看行为、点赞、评论、分享和转发等。通过数据分析工具和技术，企业可以对用户数据进行深入分析，发现用户的行为模式、偏好和潜在需求。

深入分析用户数据和了解用户画像，有助于企业制定个性化的获客策略。例如，对于不同年龄段的用户，可以定制不同类型的内容；对于具有相似兴趣爱好的用户群体，可以进行定向广告投放；对于较活跃的用户，可以提供定制化的优惠券和促销活动等。个性化获客策略根据用户的个体化需求和特点，提高获客效果和用户参与度。

2. 个性化的用户生成内容（UGC）

该公司鼓励用户参与创作和分享短视频内容。他们通过举办用户 UGC 比赛、提供创作工具和模板等方式，激发用户的创作热情。用户可以根据自身喜好和风格创作个性化的短视频，展示时尚搭配、购物心得等内容，进一步吸引目标用户的关注和参与。

个性化的用户生成内容（UGC）是促进个性化获客的重要手段之一。通过个性化 UGC，品牌可以利用用户的创意和互动，产生丰富、多样化的内容，增加用户参与和品牌曝光。同时，UGC 能够提高用户的参与度和忠诚度，并为品牌持续提供新鲜的、与用户相关的内容资源。

个性化 UGC 可以充分发挥用户的创意和想象力，产生多样化的内容。每个用户都有自己独特的视角和经历，他们可以通过 UGC 表达自己的观点、分享经验或创造有趣的内容。这样的创意和多样性能够吸引更多用户参与，并为品牌带来新鲜和个性化的内容资源。

通过个性化 UGC，用户成为品牌的参与者和宣传者，从而增加用户与品牌之间的互动和联系。用户参与 UGC 活动时，会在社交媒体上分享自己的作品，扩大品牌的曝光度和影响力。同时，UGC 具有社交分享和口碑传播的特点，用户之间的推荐和分享能够进一步增加品牌的曝光度和传播力。

3. 数据驱动的个性化营销策略

该公司利用数据分析和智能推荐算法，实现个性化的营销策略。他们根据用户的浏览记录、购买行为等数据，给用户提供个性化的推荐商品、优惠券和定制化服务。同时，他们运用个性化的互动和沟通方式，如私信、评论回复等，与用户建立更紧密的关系，提高用户参与度和转化率。

数据驱动的个性化营销策略是一种有效的方法，通过数据驱动的个性化营销策略，企业可以根据用户的行为和反馈，为他们提供个性化的促销活动、优惠券和内容推荐。这种个性化营销策略能够提高用户转化率、用户购买意愿和用户满意度，帮助企业建立稳固的用户关系。

数据驱动的个性化营销需要数据分析和洞察。企业可以通过数据分析工具和技术，对用户数据进行深入分析，以获取有关用户行为和偏好的洞察。例如，分析用户的购买历史、浏览行为、点击率和交互数据等，可以了解用户的兴趣、喜好和购买习惯。基于数据分析的结果，企业可以将用户进行分类，将具有相似兴趣和行为模式的用户归为一组。再根据每类用户的特点，定制化地推送促销活动、优惠券和个性化内容。这样的定制化推送能够更好地满足用户的需求，提高转化率和购买意愿。也可以通过 A/B 测试来验证和优化。企业可以针对不同用户群体尝试不同的促销策略和内容，然后通过数据分析来评估每种策略的效果。基于测试结果，优化和调整个性化营销策略，以获得更好的获客效果和用户参与度。企业还可以通过用户反馈和互动来不断改进，通过用户的评论、评价和回馈了解用户的体验和需求，进一步优化个性化营销策略，提供更符合用户期望的营销体验。

短视频矩阵五大运营数据指标分析

在短视频矩阵运营中，短视频数据分析是必不可少的一环，通过对固有数据、播放量、播放完成性、互动数据、关联指标等数据指标的分析，可以让企业更好地了解用户的喜好和需求，帮助企业优化短视频内容，提高用户黏性和转化率。图 2-7 介绍了短视频运营的五个数据分析指标。

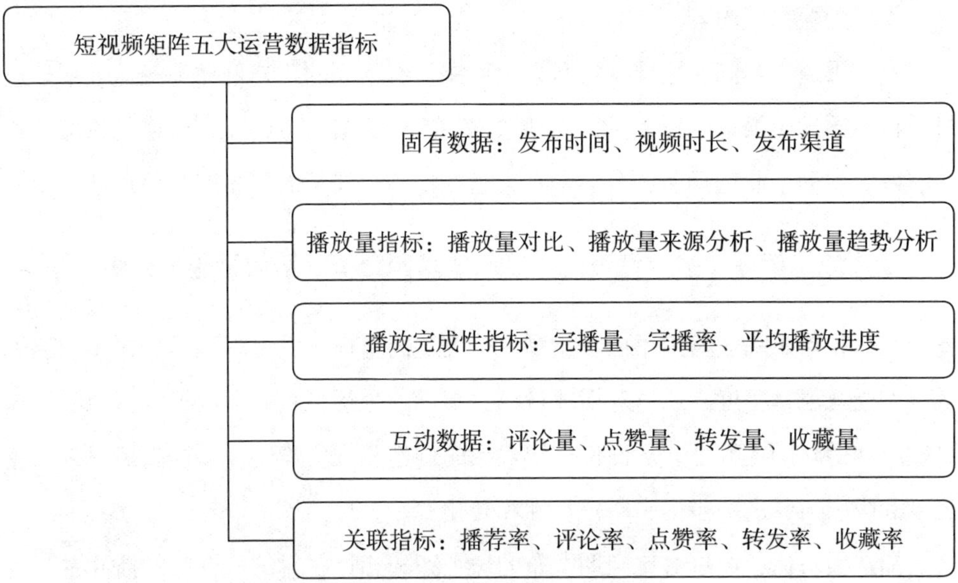

图2-7　短视频矩阵五大运营数据指标

1. 固有数据：发布时间、视频时长、发布渠道

固有数据是进行数据分析的重要指标之一，包括发布时间、视频时长、发布渠道等基本信息。通过对固有数据的分析，企业可以了解不同发布时间、视频时长和发布渠道对短视频的影响，从而优化策略，选择最佳的发布时间和渠道，提高短视频的曝光率和触达目标用户的机会。这样能够更好地满足用户的需求，提高用户黏性和转化率。

发布时间：分析不同时间段的短视频效果可以帮助企业确定最佳的发布时间。通过观察不同时间段的播放量和互动数据，可以了解用户在何时更活跃，从而选择在用户活跃度较高的时间发布短视频，提高曝光率和触达目标用户的机会。

视频时长：短视频的时长对用户的注意力和观看体验有重要影响。通过分析不同时长的短视频在播放量、播放完成率和互动数据方面的表现，可以了解用户对不同时长视频的偏好，帮助企业确定最适合目标用户的视频时长，提供更符合用户需求的短视频内容。

发布渠道：不同的短视频发布渠道可能具有不同的用户群体和触达效果。通过分析不同发布渠道的播放量、互动数据和用户反馈，了解哪些渠道对目标用户更有效，帮助企业选择最适合的发布渠道，提高短视频的曝光度和用户参与度。

2. 播放量指标：播放量对比、播放量来源分析、播放量趋势分析

在短视频矩阵运营中，播放量是一个关键的指标，它可以衡量短视频的曝光效果和受众触达程度。通过对播放量相关指标的分析，企业可以了解短视频的曝光效果和受众触达程度，从而优化短视频的创作和推广策略，以提高短视频的曝光度和吸引力，进一步提高用户黏性和转化率。

播放量对比：通过对比同期发布的短视频和相近题材的短视频的播放量，可以了解自己的短视频在同类型短视频中的表现。这种对比可以帮助企业评估短视频的受欢迎程度和吸引力，从而确定哪些类型的短视频更受目标用户欢迎，以便在后续创作中进行调整和优化。

播放量来源分析：了解播放量的来源可以帮助企业更好地优化短视频的推广策略。播放量来源包括热门推荐、搜索、分享等。通过分析播放量来源比例，可以了解用户是如何发现和观看短视频的。这样可以指导企业在推广过程中的重点投入方向，如加强热门推荐的优化、提高搜索排名或鼓励用户分享等。

播放量趋势分析：观察短视频播放量的趋势变化也是重要的数据分析指标。通过监测不同时间段的播放量变化，可以发现用户对短视频的兴趣和关注度的变化，可以帮助企业调整推广策略，及时抓住用户关注热点，提供更吸引人的内容，进一步提高短视频的播放量。

3. 播放完成性指标：完播量、完播率、平均播放进度

在短视频矩阵运营中，播放完成性相关指标对于了解用户对短视频的喜爱程度、兴趣点和喜好非常重要。通过对播放完成性相关指标的分析，企业可以了解

用户对短视频的喜爱程度、兴趣点和喜好。这样可以帮助企业优化短视频的内容和结构，提高播完率和平均播放进度，进一步提升用户黏性和转化率。

完播量：完播量是指完整观看短视频的用户数量。通过监测完播量，可以了解有多少用户对短视频内容感兴趣，并观看到最后。较高的完播量意味着短视频内容对用户的吸引力较强，而较低的完播量意味着企业可能需要考虑优化短视频内容或提升用户体验。

完播率：完播率是指完整观看短视频的用户占总观看用户数的比例。完播率可以反映用户对短视频的喜爱程度和短视频对用户的吸引力。较高的完播率意味着较多的用户愿意观看完整的短视频，对内容产生了浓厚的兴趣。通过监测完播率，企业可以评估短视频的质量和吸引力，进一步优化内容创作和推广策略。

平均播放进度：平均播放进度是指用户观看短视频的平均进度位置。通过分析平均播放进度，可以了解用户对短视频中的哪些部分更感兴趣，从而帮助企业调整短视频的内容和结构。如果平均播放进度较低，特定部分的观看量较低，企业可能需要优化该部分的内容以提升吸引力，提高用户的参与度和观看完成率。

4. 互动数据：评论量、点赞量、转发量、收藏量

在短视频矩阵运营中，评论量、点赞量、转发量和收藏量等互动数据是评估用户对短视频内容喜爱程度和参与度的重要指标之一。通过对互动数据的分析，企业可以了解用户对短视频内容的评价、喜爱程度和参与度。这样可以及时满足用户的需求，提供更符合用户喜好的内容，进一步提高用户黏性和转化率。此外，互动数据也可以帮助企业评估短视频的质量和影响力，指导后续的内容创作和推广策略。

评论量：评论量是指用户在短视频下方进行评论的数量。通过分析评论量，可以了解用户对短视频内容的评价、观点和反馈。高评论量可能表示用户对内容感兴趣，也提供了企业与用户进行互动和沟通的机会。通过回复评论或参与讨论，企业可以建立与用户的良好互动关系，增强用户黏性。

点赞量：点赞量是指用户对短视频进行点赞的数量。点赞是用户表达对内容的肯定和喜爱的方式之一。通过分析点赞量，可以了解用户对短视频的喜爱程度和认可度。较高的点赞量表明用户对内容产生了积极的反馈，可以作为短视频内容质量的一个指标。

转发量：转发量是指用户将短视频分享给其他用户的次数。通过分析转发量，可以了解用户对短视频内容的认可和推荐程度。较高的转发量表示用户认为短视频值得被分享给他人，进一步扩大了短视频的影响力和曝光度。

收藏量：收藏量是指用户将短视频收藏到自己的收藏夹中的次数。通过分析收藏量，可以了解用户对短视频内容的喜爱程度和短视频的保存价值。较高的收藏量表示用户对短视频内容有持久的兴趣，收藏为用户后续再次观看提供了方便。

5. 关联指标：播荐率、评论率、点赞率、转发率、收藏率

短视频矩阵运营中的关联指标包括播荐率、评论率、点赞率、转发率和收藏率等，这些指标可以反映用户对短视频的推荐和分享情况。通过对关联指标的分析，企业可以了解短视频的传播效果、影响力和用户参与度。这样可以帮助企业优化短视频的推广策略，提高关联推荐效果、互动参与度和用户转化率。同时，关联指标也可以帮助企业评估短视频的质量和影响力，指导后续的内容创作和推广策略。

播荐率：播荐率是指观看完短视频后，其他相关短视频被推荐给用户的比例。较高的播荐率意味着用户对短视频内容产生了较强的兴趣，推荐系统将会把更多相关短视频展示给用户。通过监测播荐率，企业可以了解短视频的关联推荐效果，进一步优化内容的相似性和相关性，提高用户继续观看其他短视频的可能性。

评论率：评论率是指观看短视频后，用户进行评论的比例。较高的评论率表示用户对短视频内容产生了强烈的反应和讨论的欲望。通过监测评论率，企业可

以了解短视频的互动性和用户参与度，进一步促进与用户的交流和互动。

点赞率：点赞率是指观看短视频后，用户进行点赞的比例。较高的点赞率表示用户对短视频内容表示认可和喜爱。通过监测点赞率，企业可以了解短视频的受欢迎程度和用户对内容的喜爱程度，进一步推动短视频的传播。

转发率：转发率是指观看短视频后，用户进行转发的比例。较高的转发率表示用户认为短视频值得被分享给他人，进一步扩大了短视频的传播范围和影响力。通过监测转发率，企业可以了解短视频的传播效果和用户推荐行为，进一步优化短视频的内容和推广策略。

收藏率：收藏率是指观看短视频后，用户进行收藏的比例。较高的收藏率表示用户对短视频内容的喜爱程度和保存价值。通过监测收藏率，企业可以了解短视频内容的长期吸引力和保存价值，进一步提高用户黏性和转化率。

短视频矩阵营销方式及问题解决方案

短视频矩阵是一种有效的营销和拓客策略，可以帮助企业扩大品牌影响力、提高知名度、吸引目标受众并促进销售增长。通过了解目标受众、制定营销策略、制作高质量短视频内容和多账户管理等方法，可以建立成功的短视频矩阵。而自主研发矩阵营销拓客软件则具有个性化定制、灵活性强、数据安全性高和优化用户体验等优势。在选择营销方式时，应该结合企业的实际需求和预算进行综合评估，以确保获得最好的结果和使用体验。

下面将介绍常见的短视频矩阵营销方式，并提出短视频矩阵营销中存在的一些问题及解决方案。

1. 短视频矩阵营销方式

短视频矩阵营销方式主要有多平台布局方式、内容创意方式、用户参与方式及跨界合作方式四种，如图 2-8 所示。

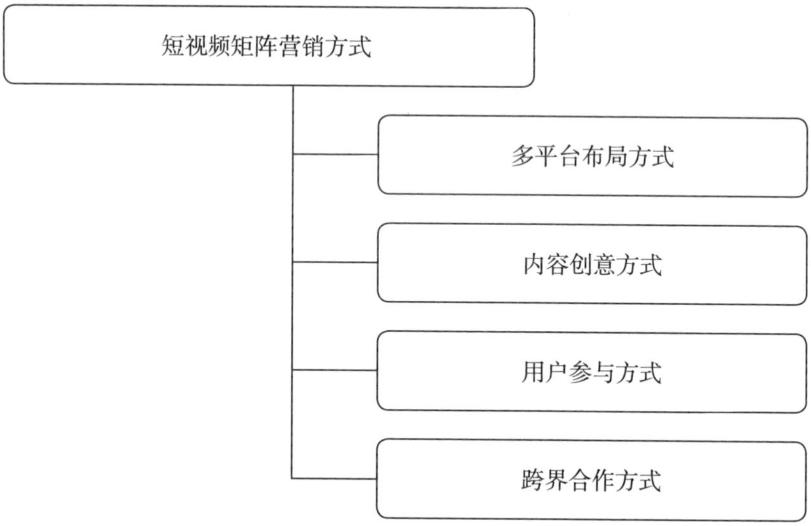

图2-8　短视频矩阵营销方式

（1）多平台布局方式

在多平台布局方式中，企业需要考虑目标受众、平台特点、内容适配等关键因素。通过在多个平台进行布局，可以扩大短视频内容的曝光度，吸引更多的用户关注和参与，提升品牌知名度和用户互动度。每个短视频平台都有其独特的功能和特点，企业需要研究各个平台的特点，了解其提供的互动机制、广告形式、用户参与度等。这有助于企业更好地利用平台特点，制定相应的营销策略和内容创意，以提高品牌曝光度和用户互动率。

适合企业布局的平台主要有抖音、快手、小红书、B 站、微视和微博等。抖音是目前最受欢迎的短视频平台之一，拥有庞大的用户基础。它以娱乐、搞笑和创意为主题，适合发布轻松、有趣的内容。抖音的算法推荐机制非常强大，可以帮助内容获得更多的曝光和分享。快手也是热门的短视频平台，主要以真实生活、才艺展示和互动为特点。快手的用户群体相对年轻，对于展示技能和分享真实生活有很高的兴趣。在快手上发布内容可以获得更多的用户参与和互动。小红书是一个以分享购物心得和生活方式为主题的社交电商平台。它的用户主要是年轻女性，对时尚、美妆和旅行等内容有浓厚的兴趣。在小红书上发布与产品推荐、购物攻略相关的短视频，可以吸引有相关购物需求的用户。B 站是一个以动画、漫画和游戏为主题的短视频平台。它的用户主要是喜爱二次元文化的年轻人群体。在 B 站上发布与动画、漫画、游戏相关的内容，可以吸引相关用户群体的关注和参与。微视是微信旗下的短视频平台，与微信的社交关系紧密结合。在微视上，企业可以通过微信的社交分享机制，将短视频内容快速传播给用户的好友圈和群组。与微信的关联性使微视成为品牌传播和社交营销的有力工具。微博是一个综合性的社交媒体平台，除了文字和图片，也支持视频内容的发布。在微博上发布短视频可以与广大用户进行更深入的互动和讨论。微博的用户群体广泛，适合发布各种类型的内容。

（2）内容创意方式

在短视频矩阵营销中，内容创意是至关重要的一环。内容创意方式主要包括剪辑和特效、音乐和声音、故事叙述和情感表达、与热门话题结合、个性化和差异化等多个方面。

剪辑和特效方法的运用，可以使视频更具视觉冲击力和创意感。可以尝试使用快速剪辑、跳跃式剪辑、动画特效等手法，增加视频的节奏感和视觉效果，吸引观众的注意力。选择适合的背景音乐或音效，可以为视频增添情绪和氛围。音乐的节奏和曲风可以与视频内容相呼应，加强观众的情感共鸣。此外，合理运用音效，如声音效果、配音等，也能为视频增加趣味和创意。通过讲述一个有趣的故事或展现真实的情感，可以吸引观众的共鸣和关注。故事性的内容更容易引起观众的情感共鸣，而情感表达可以让观众更加贴近视频的内涵。关注当前的热门话题和社会事件，将自己的创意与之结合，制作与时俱进的内容。这样可以吸引更多关注该话题的用户，增加视频的曝光度和分享度。通过突出自己的个性和独特之处，制作与众不同的短视频内容，可以展示自己的独特观点、才艺或独特的视角，从而吸引观众的关注并给观众留下深刻印象。

值得一提的是，在制作创意内容时，需要充分了解目标用户的兴趣和需求。不同平台的用户群体和特点也需要考虑，制作符合他们特点的内容。同时，由于不同平台特点和规则不同，企业需要对短视频进行相应的优化和调整，以获得更好的观看和互动效果。

（3）用户参与活动方式

在短视频平台上，通过用户参与活动可以促进用户互动，扩大品牌影响力，建立积极的社区氛围。

用户参与活动的方式一般有挑战赛、互动问答、UGC 和社区建设。挑战赛要求创建一个有趣的挑战主题，并邀请用户参与。用户可以制作符合主题要求的短视频并将其上传，然后标记相关的标签或主题，以便其他用户发现和参与。这种活动可以激发用户的创造力和参与度，也增加了用户之间的互动和竞争。互动问答即通过在短视频中提出问题，鼓励用户在评论或私信中回答。可以设置奖励机制，如从回答中选出最佳答案或进行抽奖，以激励用户参与。这种活动可以增加用户的互动和参与感，也可以提供有价值的信息和内容。UGC 旨在鼓励用户创作和分享与品牌相关的内容。可以提供一些主题或指导，以激发用户的创造力。例如，用户可以分享他们使用品牌产品的体验、创意使用方式或 DIY 教程等。这种活动可以增加用户参与度，也可以扩大品牌的曝光度和传播品牌的口碑。社区建设指的是创建一个积极活跃的社区环境，鼓励用户互相交流、评论和分享。可以设立专门的话题讨论区或粉丝互动区，让用户有机会表达自己的意见和观点，并与其他用户进行互动。这样可以增强用户的参与感和忠诚度，也有助于建立支持品牌的社群。

（4）跨界合作方式

跨界合作是短视频矩阵中常用的策略，可以通过与其他创作者、明星、品牌或公众人物的合作，为短视频内容带来新的创意和趣味性。

创作者合作就是与其他创作者合作制作短视频，以将不同领域的创意和才能结合起来，创造出独特的内容。例如，摄影师可以与舞者合作，创作出舞蹈摄影的短视频作品；美食博主可以与音乐人合作，制作有趣的美食音乐视频；与明星合作可以吸引更多的关注和粉丝。明星的参与可以增加视频的曝光度和影响力，吸引更多的观众。例如，与知名演员、歌手或体育明星合作，可以使短视频在社交媒体上更容易被发现和分享。与知名品牌合作可以为品牌宣传带来更多的创意和亮点。品牌合作可以通过产品展示、品牌故事、赞助活动等形式进行。合作的品牌可以提供资源支持，如产品样品、场地或资金，以促进合作内容的制作和推广。与公众人物如社会名人、行业专家等进行合作可以借助他们的影响力和专业知识，为短视频内容增加权威性和吸引力。例如，与教育专家合作制作教育类短视频，可以提供专业的知识和见解，增强观众对内容的信任和关注。

2. 常见问题与解决方案

在短视频矩阵营销过程中，企业可能会面临一些常见的问题，如短视频内容单一、短视频矩阵营销效果难以衡量、难以在短视频矩阵中脱颖而出等。在短视频矩阵营销过程中，做好持续的创新、市场调研和与观众互动是关键，从而不断优化和提升营销效果。以下是一些常见问题及其解决方案。

问题一：如何避免短视频内容单一而缺乏创意？

解决方案：打造多样化的团队，提供更多有价值的意见和观点。

具体措施包括：一是将团队多元化。在短视频创作团队中聚集不同背景和专业知识的人才，包括但不限于编剧、导演、摄影师、剪辑师、音效师等。多样化的团队成员具有不同的经验和视角，可以为内容创作提供更广泛的思维和观点。二是引入外部合作伙伴。与其他领域的创作者、专家或顾问合作，他们可能来自不同的行业、艺术领域，具有不同的文化背景，他们的参与可以带来新鲜的创意和独特的观点，帮助打破常规的思维限制。三是鼓励创意分享和交流。在团队内部建立开放的创意分享和交流氛围，鼓励成员积极参与讨论和提出自己的想法，设立定期的创意分享会议或工作坊，促进团队成员之间的创意碰撞和合作。四是进行市场和用户调研。定期进行市场和用户调研，了解目标受众的兴趣、需求和趋势。通过研究他们的观看习惯、喜好和反馈，可以为团队提供指导，确保创作的内容更贴合受众需求，不断在创意上有所突破。五是培养创造力和思维技巧。通过培训和工作坊等方式，提升团队成员的创造力和思维技巧。可以探索创意技巧、故事叙事技法、艺术表达方式等，激发团队成员的创新潜力，帮助他们产生更多独特的创意。六是探索不同的风格和形式。尝试不同的表现风格和创作形式，如剪辑手法、动画、VR/AR 等。通过多样化的创作方式，开阔视野，拓展创意的边界，避免陷入单一的创作模式。

问题二：如何衡量短视频矩阵营销的效果？

解决方案：把握指标，评估短视频矩阵营销效果。

具体指标包括：一是观看量和播放时长。观看量和播放时长是衡量短视频矩阵营销效果的重要指标。观看量表示短视频被点击播放的次数，而播放时长反映了观众对内容的关注程度和被吸引程度。较高的观看量和长播放时长通常意味着视频内容引人注目，并成功吸引了观众的注意力。二是互动和参与度。互动和参与度包括评论、点赞、分享等用户行为。这些指标反映了观众对视频内容的积极参与程度。较高的互动和参与度表明视频内容引发了观众的兴趣和共鸣，并促使他们与内容进行互动和分享，进一步扩大视频的传播范围。三是转化率和销售量。转化率和销售量是判断短视频矩阵营销效果的关键指标。转化率指的是从观看视频到采取进一步行动（如购买、注册、填写调查问卷等）的观众比例。销售量是指通过短视频矩阵营销获得的实际销售业绩。通过分析转化率和销售量，可以判断短视频对用户购买决策的影响程度，以及其对品牌或产品的销售增长的贡献。四是品牌知名度和曝光度。短视频矩阵营销也可以通过品牌知名度和曝光度来衡量其效果。通过分析短视频在社交媒体平台或其他渠道上的曝光情况，以及与品牌相关的关键词搜索量等指标，可以了解短视频对品牌知名度的提升效果。五是用户反馈和调研。定期收集和分析用户的反馈和调研数据，了解他们对短视频内容和营销活动的看法和期望。用户反馈可以为改进和优化短视频矩阵营销策略提供重要的参考。

问题三：如何在短视频矩阵中脱颖而出？

解决方案：综合运用各种策略，实现更大的影响力和突破。

具体措施包括：一是独特性创作。创作独特、有创意的内容，吸引用户的关注。寻找自己的特色和风格，通过独特的故事、视觉效果、剪辑手法等方面展现个性和创新。与其他创作者保持差异化，从而在海量的短视频中脱颖而出。二是精细化策划。制定详细的内容策划，包括内容的主题、风格、时长等。精心选择和构思每个视频的内容，保障短视频的质量和用户观看体验。投入足够的时间和精力进行前期的筹备工作，包括剧本编写、场景设计、拍摄计划等，以确保内容的出色表现。三是与用户互动。积极回复用户评论，参与话题讨论，增加用户的黏性和互动性。与观众建立联结，回应他们的反馈和意见，展示企业对用户的关注和重视。这种互动可以增加用户的忠诚度和参与度，也可以借助用户的口碑效应扩大影响力。四是不断学习和创新。关注短视频行业的发展动态，学习其他优秀创作者的经验和技巧，不断提升短视频的创作水平和内容质量。参加相关的培训课程、工作坊或行业活动，学习新的创作技巧和趋势，不断创新和探索新的表现方式。五是挖掘合作机会。与其他创作者或品牌进行合作，共同创作短视频内容。通过合作，可以获得更多的资源和影响力，提高内容的品质和传播范围。合作还可以带来不同观点和创意的碰撞，为短视频矩阵带来新的亮点和创新。

问题四：自主研发矩阵营销拓客软件对企业有哪些作用？

解决方案：充分发挥自主研发矩阵营销拓客软件的优势。

具体措施包括：一是个性化定制。自主研发的软件可以根据企业的实际需求和目标受众的特点进行个性化定制。通过深入了解企业的业务模式和目标客户群体，软件可以量身定制功能和界面，以满足企业的特定需求。这种个性化定制可以提高软件的适应性和有效性，更好地支持企业的矩阵营销拓客策略。二是灵活性强。自主研发的软件具备灵活性，可以根据市场变化和受众需求进行调整和升级。随着市场和用户的不断变化，软件可以及时更新和优化功能，以适应新的营销策略和趋势。这种灵活性可以保持软件的活力和竞争力，提高软件的使用效果和用户满意度。三是数据安全性高。自主研发的软件可以更好地保障数据的安全性。由于软件是自己研发的，企业可以全面掌控软件的架构和数据流程，从而更好地保护用户数据和隐私的安全。同时，可以根据最新的数据安全标准和技术进行加密和防护措施，降低数据泄露和信息损失的风险。四是优化用户体验。自主研发的软件可以根据用户反馈和实际使用情况不断进行优化和改进。通过收集用户的反馈意见和行为数据，发现软件存在的问题和改进空间，并及时进行修复和优化。这样可以提高软件的易用性和用户体验，使软件更加符合用户的需求和期望，提升用户满意度和忠诚度。五是技术支持和服务。自主研发的软件通常配有相应的技术支持和服务团队，能够提供及时的技术支持和解决方案。企业可以与软件开发团队密切合作，共同解决问题和优化软件功能，确保软件的稳定性和持续性。同时，自主研发的软件也可以根据企业的需求进行定制化的升级改造，提供更加个性化的服务。

第三章

明确目标受众和传播主题

目标受众定位即确定产品或服务的目标受众，确定传播主题即根据目标受众的需求和痛点来确定需要传达的核心信息和价值主张。本章介绍对目标受众的年龄、性别、兴趣爱好、地理位置等方面的定位，以及确定传播主题时要考虑的核心信息和价值主张，旨在更好地进行定向传播，提高传播效果和目标受众的共鸣度。

目标受众的年龄段定位与营销策略

准确定位目标受众的年龄段，可以为精准匹配产品或内容与目标受众提供更准确的信息，从而能够帮助企业有效地塑造品牌形象、优化营销策略。在进行目标受众的年龄段定位时，重要的是了解并理解不同年龄段人群的特点和需求，以便有效地传达信息和建立联结。通过细分不同年龄段的目标受众，可以更好地定制营销策略和传播内容。目标受众的年龄段定位与营销策略主要包括以下三个方面，如图 3-1 所示。

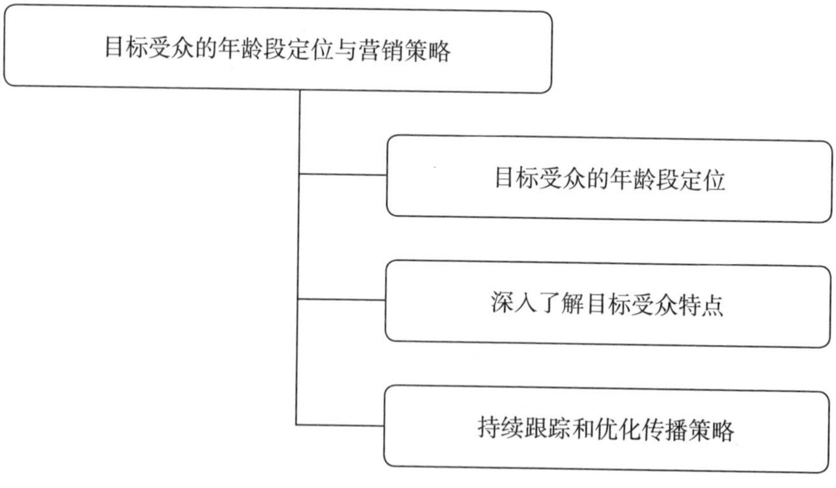

图3-1　目标受众的年龄段定位与营销策略

1. 目标受众的年龄段定位

在短视频营销中，对目标受众的年龄范围进行精细的划分至关重要。儿童、青少年、年轻人、中年人和老年人等不同年龄段的人群具有不同的偏好和需求，因此需要采取个性化的传播策略。

语言风格的选择至关重要。对于儿童，使用简单、生动、富有想象力的语言能够吸引他们的注意力；对于青少年，使用流行、活泼、有趣的语言能够与他们建立共鸣；对于年轻人，使用时尚、幽默、鼓舞人心的语言能够吸引他们的关注；对于中年人，使用实用、理性、专业的语言能够满足他们的需求；对于老年人，使用亲切、温情、易懂的语言能够建立信任。

视觉元素的选择也很重要。不同年龄段的人群对颜色、图像和排版的偏好不同。比如，儿童喜欢鲜艳多彩的图像和简洁明了的排版；青少年偏好时尚、个性化的视觉元素；中年人更注重专业、简约和清晰的设计；老年人则更喜欢明亮、大字体和易读的排版。

传播渠道的选择应根据目标受众的年龄段和使用习惯来确定。儿童和青少年更倾向于使用社交媒体和在线视频平台；年轻人更喜欢社交媒体和音乐平台；中年人更关注新闻媒体和专业网站；老年人则更偏好电视、报纸等传统媒体。

2. 深入了解目标受众特点

不同年龄段的人群对于娱乐、运动、艺术、科技等领域有不同的偏好。通过研究他们所关注的内容和参与的活动，可以确定与他们兴趣相关的传播主题。例如，年轻人关注时尚、音乐、社交等内容；而中年人关注健康、家庭、职业等方面的内容。

不同年龄段的人群对于价值观的关注点及其优先级也有所不同。年轻人可能更注重个人成长、社会公平和环境可持续性；而中年人可能更关注稳定性、责任感和家庭价值观。通过了解目标受众的价值观，可以确定与他们共享价值观的传播主题，增加他们对品牌的认同感。

了解目标受众的购买决策过程、购物偏好和消费习惯，可以为企业提供宝贵的市场洞察。例如，年轻人可能更倾向于线上购物和社交媒体推荐；而中年人可能更注重产品质量和口碑推荐。根据这些信息，企业可以选择合适的传播渠道、推出定制化的产品或服务，以满足目标受众的需求和期望。

3. 持续跟踪和优化传播策略

要提高传播效果和营销效益，不仅需要初步了解不同年龄段目标受众的特点，还需要不断跟踪和分析他们的反馈和行为数据，并及时调整和优化传播策略。通过持续的市场研究和用户反馈，可以更好地了解目标受众的变化和需求，从而精确地定位目标受众的年龄段。

通过定期进行市场调查、竞争情况分析和趋势研究，可以及时了解目标受众的偏好变化、新兴趋势和市场动态。这有助于更新对目标受众的认识，并调整传播策略以适应变化的需求。

通过调查、用户评论、社交媒体互动等方式，了解目标受众对品牌、产品或服务的看法和反应。这些反馈可以提供宝贵的洞察，帮助企业了解目标受众的满意度、需求和期望，从而针对性地优化传播策略和产品或服务的提供方式。

通过使用分析工具和跟踪技术，收集和分析目标受众的在线行为数据，如网站访问量、点击率、转化率等。这些数据能够揭示目标受众的兴趣、偏好和购买行为，为优化传播策略提供有力支持。

性别定位和相关传播主题

性别定位在短视频营销和传播中扮演着重要的角色。短视频平台的受众群体广泛，而性别定位可以帮助企业更精确地吸引目标受众的关注，提高短视频营销的效果。通过精准定位和创造性的内容，企业可以提高短视频营销的效果，增加品牌认知度和用户参与度，在竞争激烈的短视频平台上脱颖而出。具体来说，其方法主要包括研究目标受众的性别特点、创造与性别相关的故事并引起情感共鸣、强调产品或服务的性别定位优势、测试和优化传播策略四个方面，如图 3-2 所示。

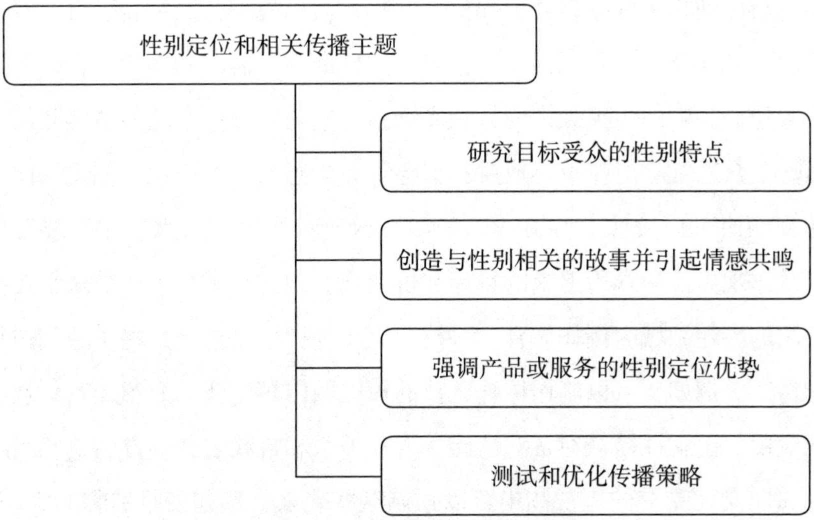

图3-2　性别定位和相关传播主题

1. 研究目标受众的性别特点

通过市场调查和数据分析，了解短视频平台上不同性别受众的特点和偏好。例如，了解男性受众更喜欢的主题、内容类型以及女性受众关注的兴趣领域。这有助于确定性别定位和相关传播主题的方向。

可以设计调查问卷或组织焦点小组讨论，以了解受众在短视频平台上的使用习惯、喜好和观看偏好。通过这些方法，可以收集受众的直接反馈和意见，来了解他们对于不同类型内容的偏好。也可以利用短视频平台提供的数据分析工具，例如观看次数、互动情况、喜欢和分享情况等指标，来了解不同性别受众对于不同类型和主题的短视频的反应。这些数据可以提供有关受众行为模式和兴趣偏好的洞察。还可以观察不同性别受众在社交媒体平台和在线社区上的互动和讨论，以了解他们对于短视频内容的评论、分享和喜爱，揭示他们的兴趣领域、话题关注点以及与其他受众的互动模式。

2. 创造与性别相关的故事并引起情感共鸣

创造与性别相关的故事并引起情感共鸣是在短视频营销中吸引目标受众的有效策略之一。通过了解不同性别目标受众的价值观、需求和期望，企业可以创作能够引起他们共鸣的短视频内容，从而增强他们与品牌或产品的情感联结。

男性受众通常会对竞争、成就和冒险等元素感兴趣。因此，创作面向男性受众的短视频时可以关注这些方面，例如展示成功的故事、挑战和突破自我的情节，以及体现男性受众所追求的目标和价值观。同时，了解男性受众在短视频平台上关注的兴趣领域，例如体育、科技、汽车等，可以根据这些领域创作相关的故事和情节。例如，可以制作体育竞技的短视频内容，或是介绍最新科技产品的功能和应用。而女性受众通常对情感、人际关系和自我表达等方面更感兴趣。因此，在面向女性受众的短视频中可以强调这些元素，例如展示温馨的家庭场景、友情故事或能够引起情感共鸣的情节，以及强调女性受众关注的自我表达和个人成长的主题。

引起情感共鸣可以利用视觉和音乐元素。短视频是一种视听媒介，利用视觉和音乐元素可以更好地传达情感共鸣。通过选择符合目标受众喜好的音乐、背景和视觉风格，营造出与短视频主题情感相符合的氛围，增强与受众的情感联结。除此之外，创作具有鼓舞和启发性的故事情节，可以激发目标受众的情感共鸣。通过展示成功的个人故事、克服挑战的经历或激励人心的信息，可以激发受众的积极情绪和对品牌或产品的认同感。

3. 强调产品或服务的性别定位优势

强调产品或服务的性别定位优势是在短视频营销中的一项重要策略。通过强调产品或服务在满足特定性别需求方面的优势，可以吸引目标受众的注意力并建立情感联结。以下是一些关键要点，可用于在短视频中强调产品或服务的性别定位优势：

首先需要深入了解目标受众的性别需求和偏好。通过市场调研和数据分析，了解他们对产品或服务的期望以及特定性别需求的关键点。

在短视频中，强调产品或服务的特性和功能，特别是与性别需求相关的方面。例如，如果产品是针对女性受众的美容产品，可以强调其独特的配方、对皮肤健康的益处以及与女性美容需求的契合程度。此外，在短视频中解释产品或服务的性别定位优势为目标受众带来的价值和好处。通过提供具体的例子、用户见证或专家意见，解释为什么产品或服务对特定性别的需求非常重要。这可以增强目标受众对产品或服务的认同感和兴趣。

关于个性化定制和用户体验，如果产品或服务提供个性化定制或独特的用户体验，可以在短视频中突出这些方面。例如，如果产品是针对男性受众的定制礼品，可以展示个性化的包装和创意设计，强调它们与男性受众的个性和品味的契合。

发起受众见证和故事分享活动。通过受众见证和故事分享活动，强调产品或服务对特定性别目标受众的积极影响。这可以是用户的成功故事、满意度调查结果或社交媒体上的用户反馈。这种方式可以增强产品或服务的可信度和吸引力。

值得注意的是，在强调产品或服务的性别定位优势时，要确保避免过度刻板化和性别歧视的观念。要尊重和包容不同性别受众的多样性，并在短视频中展示平等和多元化的价值观。这样可以增强品牌形象的正面效应，并建立长期与受众之间的关系。

4. 测试和优化传播策略

测试和优化传播策略在短视频营销中是非常重要的一环。通过测试和优化传播策略，可以不断改进短视频营销的效果，并与不同性别受众建立更强的情感联结。持续监测观众反应和数据分析，以及根据反馈和数据调整传播策略，将帮助提升短视频的影响力和营销效果，并引起目标受众的积极反应。以下是一些关键要点，可用于测试和优化传播策略。

观察观众反应和互动数据：监测观众在观看短视频时的反应和互动情况，例如观看次数、喜欢和分享的数量，以及评论和回复的内容等。这些数据可以提供有关观众对短视频的兴趣和情感反应。

分析观众数据和市场调研：结合观众数据和市场调研结果，了解不同性别受众的偏好和需求。通过比较不同性别受众之间的差异和共同点，可以确定是否需要针对性别选择不同的传播策略。

调整传播主题和元素：根据观众反应和数据分析的结果，及时调整传播主题和元素，以提高短视频的吸引力和共鸣效果。例如，如果某个性别受众对特定的情感元素更感兴趣，可以在短视频中加强对这些元素的展示。

实时反馈和客户互动：与观众进行实时反馈和互动，了解他们的意见和建议。在短视频的评论区或社交媒体平台上积极回应观众的问题和反馈，可以与观众建立良好的互动关系，并获取更多有关观众需求的信息。

持续优化和改进：根据测试和数据分析的结果，持续优化和改进传播策略。这可能包括调整短视频的长度、节奏、故事情节，或优化标题、缩略图和描述等关键元素，以提高短视频在目标受众中的关注度和增强共鸣效果。

兴趣爱好的细分群体定位

对于短视频营销而言，兴趣爱好的细分群体定位是一项关键策略。通过定位不同兴趣爱好的细分群体，可以更准确地定位目标受众并吸引具有不同兴趣爱好的观众群体，为不同兴趣爱好的细分群体提供个性化的短视频内容。

1. 充分了解目标受众的兴趣爱好

充分了解目标受众的兴趣爱好是短视频营销成功的关键之一，它将增加观众的兴趣和参与度，提高视频的曝光和分享率，从而增强短视频营销的效果。记住，市场调研、观众分析、数据收集、社交媒体参与和与观众建立联系（图3-3）是这个过程中的关键步骤，可以确保企业对目标受众的兴趣爱好有一个全面的了解。

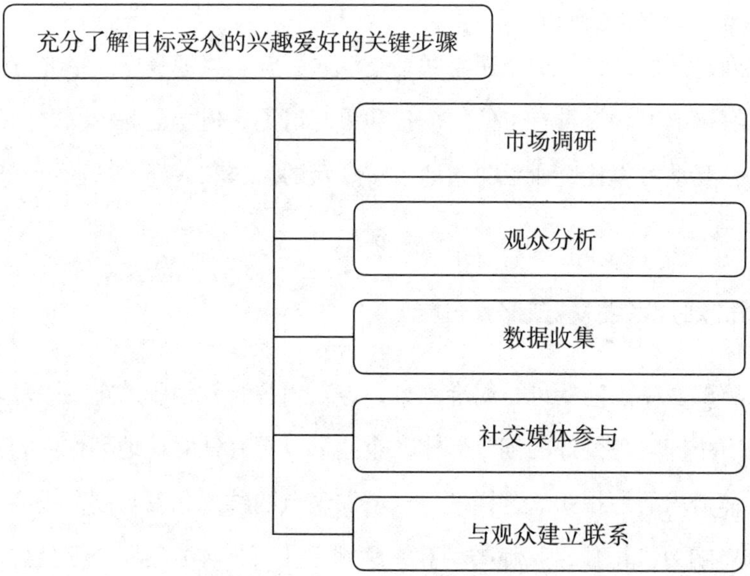

图3-3　充分了解目标受众的兴趣爱好的关键步骤

市场调研：进行市场调研是企业了解目标受众的兴趣爱好的重要步骤。通过调查问卷、焦点小组讨论或面对面访谈等方法，收集来自目标受众的反馈和意见。企业可以据此了解他们对不同主题和领域感兴趣程度，以及他们在社交媒体上关注的话题和内容。

观众分析：利用社交媒体和分析工具，有助于深入分析企业的观众群体。这些工具可以提供有关观众的关注点、行为模式和喜好的数据。企业可以通过分析他们的互动和分享行为，了解他们对特定类型的短视频的兴趣和偏好。

数据收集：收集和分析观众的数据也是了解其兴趣爱好的有效方式。通过观察数据，企业可以了解观众观看的视频类型、观看时长和互动行为等信息。这些数据可以揭示观众对不同主题和内容的喜好，帮助企业更好地定位有不同兴趣爱好的细分群体。

社交媒体参与：积极参与社交媒体平台上与企业的目标受众相关的讨论和话题。企业可以通过留言、评论和分享与观众互动，并了解他们的观点和兴趣。这种参与可以帮助企业更直接地了解观众的兴趣爱好，以及他们在社交媒体上关注的内容。

与观众建立联系：与观众建立联系是深入了解其兴趣爱好的重要方式。企业可以通过答疑解惑、提供有价值的信息和参与讨论，建立起与观众之间的互动和信任。这种互动可以让企业更深入地了解观众的需求和兴趣，从而更好地满足他们的期望。

2. 精准划分兴趣爱好细分群体

在了解的基础上需要进行精准划分，这是短视频营销中的重要一环。通过精准划分具有不同兴趣爱好的细分群体，企业可以更有针对性地创作内容，提供符合不同群体需求的短视频。这样做可以增加观众的共鸣和参与度，提高短视频的吸引力和影响力。记住，兴趣类型和兴趣水平（图 3-4）是划分细分群体的两个关键，抓住这两个关键可以确保企业能够针对每个群体提供个性化的内容。

兴趣类型：将目标受众根据兴趣的类型进行划分。例如，如果你的目标受众是旅行爱好者，可以将其进一步划分为自驾游爱好者、登山爱好者、文化探索爱好者等。这样可以根据不同的兴趣类型为每个细分群体创作相关的短视频内容。

兴趣水平：考虑目标受众在特定兴趣领域的水平和经验。例如，对于摄影爱好者，可以将其划分为初学者、业余爱好者和专业摄影师。这样可以根据目标受众不同的兴趣水平提供相应的教程、技巧或创意。

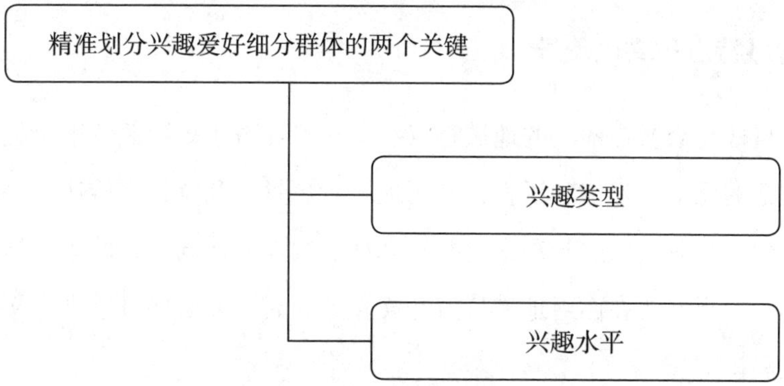

图3-4　精准划分兴趣爱好细分群体的两个关键

目标受众的地理位置定位

目标受众的地理位置定位对于短视频营销至关重要。了解目标受众所在地区的地理特点、文化差异以及需求和偏好（图 3-5），将有助于企业调整短视频营销策略，创作更有针对性的短视频内容，提高短视频的传播效果和影响力。

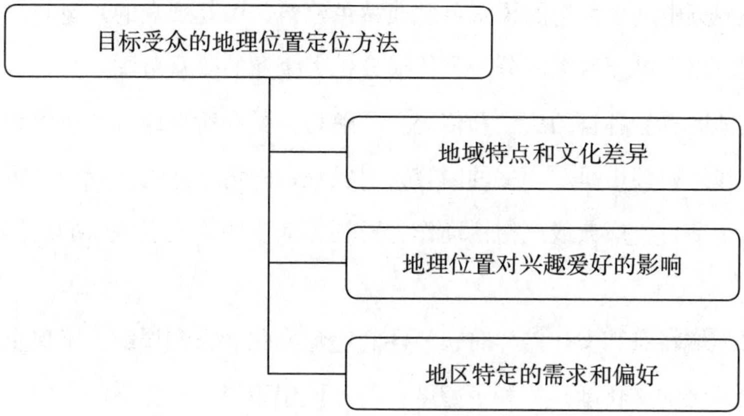

图3-5　目标受众的地理位置定位方法

1. 地域特点和文化差异

了解目标受众所在地区的地域特点和文化差异对于短视频营销至关重要。通过融入当地的元素、习俗和语言，利用地域特色景点和背景，传达当地的价值观和传统文化，企业可以引起观众的共鸣和增加观众的认同感，使短视频更具吸引力和影响力。当然，在面对地域特点和文化差异时，要确保尊重当地文化并避免文化冲突和误解。

每个地区都有独特的价值观和习俗，这反映了当地的文化背景和生活方式。通过了解目标受众所在地区的文化差异，企业可以在短视频中传达当地的价值观和习俗，使观众感到亲切和认同。这样的定位可以帮助企业建立与观众间更紧密的联系，增加观众对企业的品牌或内容的好感度。

不同地区的人们使用不同的语言或有不同的口音。如果企业的目标受众集中在某个特定的地区，了解并使用当地的语言和口音可以增加观众对短视频的理解和亲近感。使用当地的口音、俚语或特殊词汇可以让观众感到企业对他们的尊重和关注，从而提高短视频的吸引力。

每个地区都有其独特的地标、景点和自然环境。应将这些地域特色融入企业的短视频中以吸引更多的观众。例如，如果企业的目标受众是旅行爱好者，企业可以在短视频中展示当地的风景名胜或特色建筑，引起观众的兴趣和好奇心。这样的定位可以促进短视频的分享和传播，扩大企业的受众范围。

不同地区有着各自的历史和传统。了解目标受众所在地区的历史和传统可以帮助企业在短视频中呈现相关的内容，引发观众的情感共鸣。例如，企业可以以当地的传统节日、庆典或民俗活动作为短视频的主题，吸引观众的关注并促使观众参与。

面对地域特点和文化差异时，要注意避免文化冲突和误解。确保企业对目标受众所在地区的文化敏感度和了解度，避免使用不当或冒犯性的内容。尊重当地文化并与当地观众建立良好的互动是短视频营销成功的关键。

2. 地理位置对兴趣爱好的影响

地理位置对目标受众的兴趣爱好有重要的影响，因为地理环境和气候条件会塑造人们的生活方式和喜好。了解目标受众所在地区的地理位置可以帮助企业更准确地了解他们的兴趣爱好，并据此创建相关内容。

不同地理位置的气候条件会影响人们的喜好和活动选择。在温暖的地区，目标受众可能更倾向于喜欢户外活动，如海滩运动、徒步旅行或水上运动。而在寒冷的地区，目标受众可能更喜欢滑雪、冰球等冬季运动。通过了解目标受众所在地区的气候条件，企业可以根据他们的兴趣爱好创建相关的短视频内容，增加观众的参与度和喜爱程度。

地理位置的特点也会影响人们对自然景观和地理环境的兴趣。例如，位于山区的目标受众可能对登山、徒步和观赏美景更感兴趣，而位于海岸线的目标受众可能更喜欢海滩、海洋活动和浮潜等。通过了解目标受众所在地区的地理环境和自然景观，企业可以在短视频中展示和探索与其兴趣相关的内容，吸引他们的注意力并提高其参与度。

3. 地区特定的需求和偏好

不同地区的人们可能有特定的需求和偏好。例如，某些地区可能对环保问题更关注，而另一些地区可能更注重家庭价值观。通过了解目标受众所在地区的需求和偏好，企业可以为他们创作更有针对性的短视频内容，提高观众的参与度和留存率。

不同地区的人们可能有不同的文化背景和价值观。了解目标受众所在地区的文化和价值观可以帮助企业更好地理解他们的需求和偏好。例如，某些地区可能更注重家庭价值观，对家庭生活和亲情关系非常重视。在这种情况下，企业可以创作与家庭生活、亲情关系相关的短视频内容，以引起观众的共鸣和认同。

不同地区可能面临不同的社会问题。通过了解目标受众所在地区的社会问题，企业可以创作与这些问题相关的短视频内容，引起观众的关注和共鸣。例如，某些地区的人可能对环保问题更为关注，企业可以创作关于环保和可持续发展的短视频内容，以满足他们的需求和偏好。

地区的经济状况和消费习惯也会影响人们的需求和偏好。某些地区的人们可能有较高的消费水平，对奢侈品或高端产品感兴趣。而在另一些地区，人们可能更注重产品的实用性及其价格合理性。了解目标受众所在地区的经济状况和消费习惯可以帮助企业创作符合他们需求的短视频内容，并将产品或服务定位得更准确。

不同地区的人们可能对媒体和娱乐偏好有所不同。例如，某些地区的观众可能更喜欢幽默搞笑的内容，而另一些地区的观众可能更倾向于感人或励志的故事。了解目标受众所在地区的媒体消费行为和娱乐偏好可以帮助企业创作更符合他们口味的短视频内容。

核心信息和价值主张的传播主题确定

在确定传播主题时，需要重点考虑核心信息和价值主张两大因素（图 3-6）。

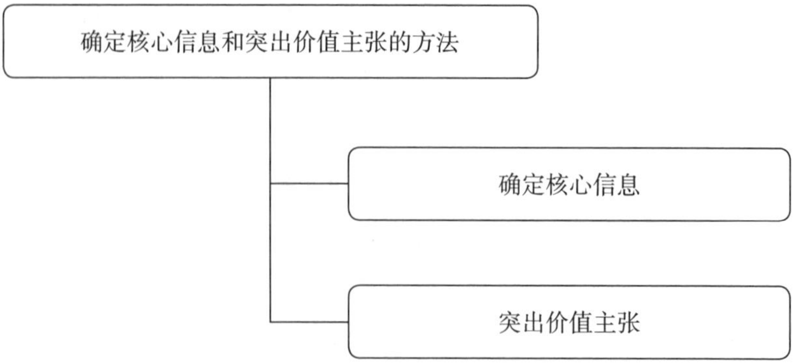

图3-6　确定核心信息和突出价值主张的方法

要确保传播主题能够清晰、简洁地传达企业想要表达的核心信息和价值主张，并与观众建立深入的联结。这样的传播主题将有助于短视频营销，吸引观众的关注并提高品牌影响力。

1. 确定核心信息

核心信息是企业想通过短视频传达给目标受众的最重要的信息。在确定核心信息时，企业需要考虑目标受众需求、产品或服务特点、品牌定位等因素。

了解目标受众的需求和痛点是确定核心信息的关键。企业的短视频应该能够解决观众的问题或为观众提供有价值的信息。核心信息应该突出企业的产品或服务的独特特点和优势。确定企业的产品或服务在市场上的竞争优势，并将其作为核心信息的一部分传达给观众。核心信息应该与企业的品牌定位一致。考虑企业的品牌形象、价值观和目标受众的偏好，确保核心信息与品牌形象相符。确定了核心信息后，将其简洁明了地表达出来，并确保能够被短视频清晰传达。

2. 突出价值主张

价值主张是企业的产品或服务对目标受众的价值和好处的陈述。确定价值主张时，需要考虑解决用户问题、用户体验、可量化的好处等因素。

价值主张应该能够解决目标受众的问题或满足他们的需求。确定企业的产品或服务在解决问题方面的优势，并将其作为价值主张的一部分。价值主张应该突出企业的产品或服务提供给目标受众的独特体验。考虑企业的产品或服务如何改善用户体验，即提供更便捷、高效和愉悦的体验。价值主张应该能够量化企业的产品或服务对目标受众的好处。例如，节省时间、提高效率、节约成本等。确保价值主张能够被直接传达给观众，并让他们明白选择企业的产品或服务的好处。确定了价值主张后，要将其简明扼要地表达出来，并在短视频中强调和展示。

第四章

企业短视频如何起好名称

短视频名称很大程度上取决于拍摄的目的或者说拍摄的类型，比如产品类短视频的名称需要突出产品，说明产品的特点；如果是企业宣传类短视频，则需要稍具诗意或形象化的名称。本章将讨论起好企业短视频名称的实操方法和相关原则。

产品类短视频名称的选择方法

无论什么样的产品类短视频，在选择名称时，都需要综合考虑产品特点、价值主张、情感效应和品牌一致性。确保名称简洁明了，能够突出产品的核心特点和价值，以及与品牌形象一致。这样的名称选择方法有助于提高短视频的吸引力和可见性，增加观众的点击率和观看率，从而提升企业短视频的营销效果。产品类短视频的名称选择方法如图 4-1 所示。

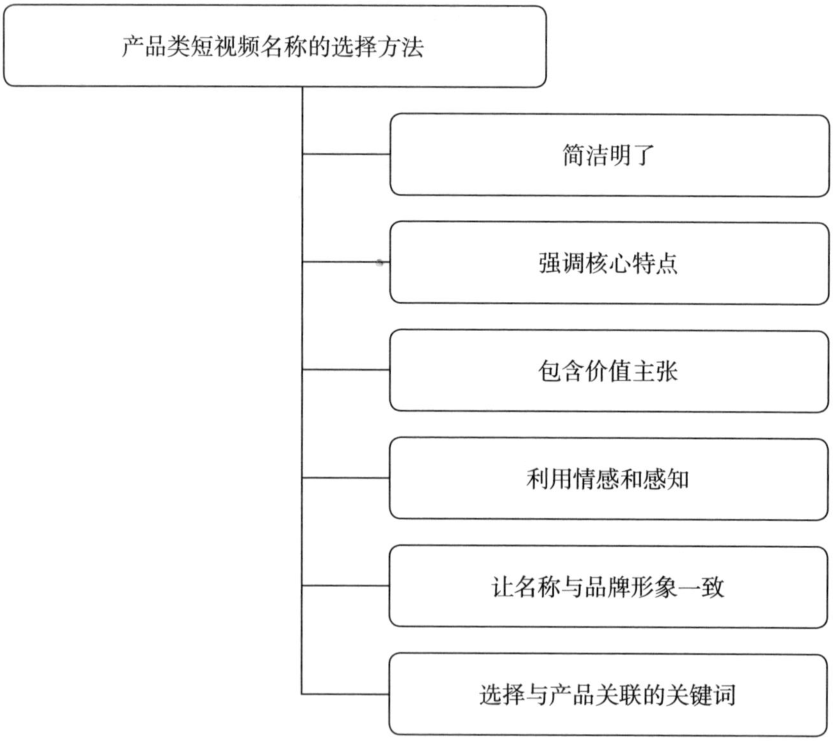

图4-1 产品类短视频名称的选择方法

1. 简洁明了

简洁明了的产品类短视频名称应该突出核心特点，使用简洁的词汇，避免冗余词语，利用数字或缩写，并简明扼要地描述产品或内容。通过这些方式，可以让名称更加简洁明了，吸引观众的关注并清晰地传达信息。

选择一个能够直接传达产品主要卖点的词语或短语作为短视频名称的关键部分。例如，企业的产品是一款高保湿的面霜，可以选择名称如“滋润保湿霜”或“水润嫩肤霜”，直接表达产品的保湿功能。

企业可以选择简短、易于理解的词汇来命名短视频。避免使用过于复杂或晦涩的词语，以免让观众产生困惑。使用常见的词汇和短语，可以使名称更易于记忆和理解。同时，要去除冗余的词语，仅保留必要的信息。确保名称中的每个词语都对传达产品或内容起到了关键作用。消除多余的形容词、副词或冗长的句子结构，使名称更加简洁明了。

2. 强调核心特点

强调产品核心特点的名称有助于吸引目标受众的注意力，并突出产品的竞争优势。为此，给短视频起名首先需考虑产品的关键特性，并选择能够准确描述这些特性的关键词或短语作为名称的一部分。这些特性可以是产品的功能、性能、设计或创新之处。例如，企业的产品是一款智能手表，短视频名称就可以选择如“智能手表：连接你的世界”或“智能手表：健康生活的伙伴”，突出产品的智能连接和健康助手功能。

短视频名称应包含能够突显产品在市场上的独特卖点的关键词或表达方式。例如，企业的产品是一款折叠自行车，短视频名称就可以选择如“自由骑行：首选便携折叠自行车”或“城市探路：探索折叠自行车的便利性”，突出产品的便携性。

短视频名称应选择能够抓住目标受众需求并突出产品特点的关键词。例如，产品是一款无线耳机，就可以选择如“音乐自由：无线耳机的畅享体验”或“清晰通话：无线耳机的高品质通话功能”等视频名称，包含目标受众对音乐体验和通话质量的关注点。

短视频名称在强调产品核心特点的同时，仍然要保持简洁明了，用词避免过于复杂或啰嗦，确保观众能够迅速理解名称所传达的信息。这样的名称更容易被人记住和分享。

3. 包含价值主张

通过将产品的价值主张或优点融入短视频名称，可以让观众在一开始就了解产品的优点，并引发他们的兴趣和购买欲望。这样的名称能够在短时间内传达产品的价值，增加观众的点击率和观看率，并激励他们进一步了解和购买产品。

选择能够直接传达产品优点和使用效果的词语或短语作为视频名称的一部分。例如，产品是一种美容护肤品，视频名称可以选择如“焕发青春：护肤奇迹液”或“绽放自信：神奇美肤秘籍”，直接传达产品能够带来的护肤和令人更自信的效果。

选择能够突出产品独特性和与竞争产品的差异化的词语或短语作为视频名称的一部分。例如，产品是一种健康饮料，视频名称可以选择如“天然活力：独特配方的能量补给”或“健康生活：独一无二的健康饮品”，突出产品的独特配方和健康功效。

选择能够直接体现良好的用户体验或产品便利性的词语或短语作为视频名称的一部分。例如，产品是一种智能家居设备，视频名称可以选择如“智慧生活：打造舒适智能家居”或“家居一键掌控：让生活更便捷”，直接传达产品的智能化和便利性体验。

4. 利用情感和感知

短视频名称包含能够激发情感或感知的词语，可以创造一种积极的情感氛围，使观众对短视频产生好奇和兴趣。这样的视频名称能够在瞬间引发观众的情感共鸣，提高观众观看视频的欲望，并提高视频的观看率和传播效果。

短视频名称包含能够形象化描述产品特点的词语。例如，产品是一种冰淇淋，可以选择名称如“甜蜜诱惑：口感丝滑的冰淇淋盛宴”或“夏日狂欢：清凉美味的冰淇淋体验”，通过词语形象地传达产品带来的美味体验和欢乐感受。

短视频名称包含能够传达积极情感或情绪的词语。例如，一种旅行服务的视频名称可以选择如“探索奇迹：开启奇幻之旅”或“自由旅行：追逐梦想的冒险”。这类视频名称通过积极的情感传达体现产品带来的探索体验和自由感。

短视频名称包含能够传达令人兴奋或激动的词语。例如，产品是一种运动器材，视频名称可以选择如“极限挑战：释放你的无限潜能”或“速度狂潮：体验极速运动的刺激”。这类视频名称通过令人兴奋的词语传达产品带来的挑战和激情。

5. 视频名称与品牌形象一致

短视频名称与品牌形象和定位一致，可以增强品牌的识别度和一致性。这样的名称给观众留下深刻的印象，提升消费者对品牌的信任和忠诚度，有助于品牌的长期发展和提高市场竞争力。

视频取名时应确保名称在语言、词汇和表达方式上与品牌风格保持一致。例如，一家时尚服装公司的视频名称可以选择如“时尚之都：展现你的个性”或“时尚潮流：引领时尚潮流的品牌”，体现品牌时尚的特点和个性。

视频取名时应确保名称能够与品牌的目标受众产生共鸣。例如，一家儿童玩具公司的视频名称可以选择如“欢乐童年：陪伴孩子成长的玩具品牌”或“创意乐园：激发孩子无限想象力的玩具”。这些视频名称体现品牌对孩子乐趣和创造力的关注。

6. 选择与产品关联的关键词

短视频名称包含与产品相关的关键词或行业关键词，可以提高短视频在搜索引擎中的可见性以及在相关搜索结果中的排名，从而吸引更多的观众，增加视频的点击量和曝光度。但要记住，在选择关联关键词时要确保它们与视频内容相关，并能够吸引目标受众的兴趣。

与产品内容直接相关的关键词可以是描述产品名称、特点、功能、用途等词汇。例如，产品是一种健康饮品，视频名称可以选择如“活力果汁：补充能量的健康饮品”或“天然能量：提神饮品的健康选择”。这类名称体现产品的健康属性和能量补充功能。

与产品所在行业相关的关键词可以是行业术语、常用词汇或热门话题。选择与行业相关的关键词作为名称的一部分，有助于吸引对该行业感兴趣的观众。例如，产品是一种智能家居设备，视频名称可以选择如“智能生活：改变你的家居体验”或“未来之家：智能科技的家居革命”。这类名称体现智能家居行业的关键词和概念。

了解目标受众的兴趣和需求，视频名称选择与他们相关的关键词。这些关键词可以是受众关注的话题、兴趣爱好或需求解决方案。在视频名称中使用这些关键词，可以吸引目标受众的注意并增加视频的曝光度。例如，产品是一种旅行服务，目标受众是喜欢冒险和探索的旅行者，视频名称可以选择如“冒险之旅：探索未知的奇迹”或“自由探索：满足旅行者无尽的好奇心”。这类名称体现具有冒险和探索属性的关键词。

企业宣传类短视频名称的生成方式

企业宣传类短视频的名称的创意是非常重要的，因为它可以吸引观众的注意力、传达企业的核心价值和品牌形象，并增强视频在营销活动中的效果。创意的名称能够让观众产生共鸣，激发他们进一步了解企业并与企业互动的兴趣。具体来说，取名方式包括强调独特卖点、体现情感和故事性、清晰简洁的表达、利用品牌语言和口吻四个方面，如图 4-2 所示。

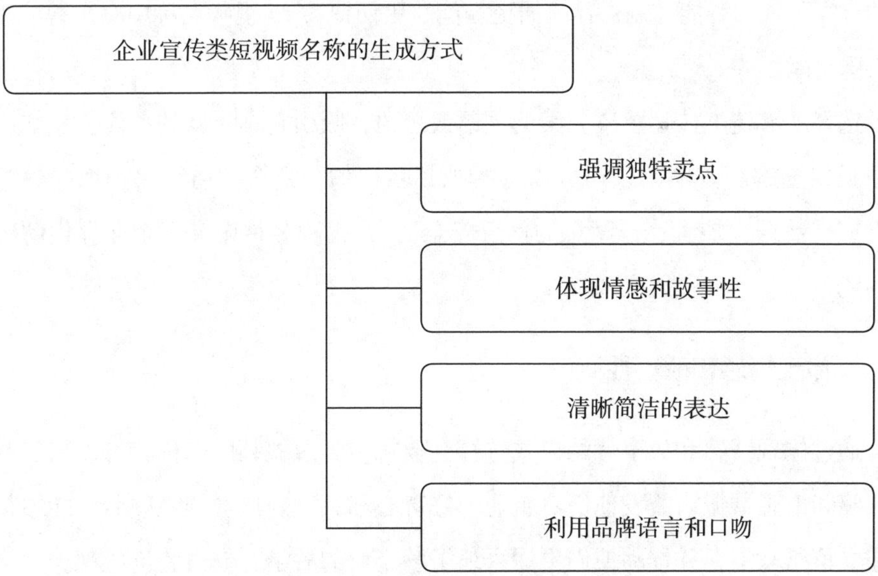

图4-2　企业宣传类短视频名称的生成方式

1. 强调独特卖点

通过强调企业的创新性、优势，突出产品特殊功能或解决方案，这样的视频名称可以吸引目标受众的兴趣和好奇心，并且能够突出企业的特色和与竞争对手的区别，增强企业短视频的营销效果。

选择富有创新性的视频名称来突出企业的创新特点。例如，科技创新公司可以选择视频名称如“未来科技：创新引领者”或“数码革命：重新定义科技”，这体现企业在科技领域的独特创新能力。

选择能够引起目标受众兴趣的词语或短语，传达企业在市场上的独特地位和价值。例如，提供快速配送服务的物流公司可以选择视频名称如“快速达：最快速的物流服务”或“极速配送：超越期望的物流解决方案”，突出企业在快速配送领域的优势。

选择能够准确传达产品或服务特点的词语或短语，吸引目标受众的兴趣。例如，提供智能家居解决方案的公司可以选择视频名称如“智能生活：打造智慧家居的专家”或“智能控制：让家居更智能、更便捷”，在视频名称中突出智能家居的特殊功能。

选择能够清晰传达解决方案的词语或短语，吸引目标受众的关注。例如，提供数据安全解决方案的公司可以选择视频名称如“安全护盾：保护您的数据安全”或“数据守护者：保障您的信息安全”，在视频名称中突出企业提供解决方案的能力。

2. 体现情感和故事性

通过体现情感和故事性的方式选择企业宣传类短视频的名称，可以引起观众的共鸣和情感共振，激发他们对企业的好奇心和兴趣。这样的视频名称能够与观众建立情感联结，并推动他们更深入地了解企业的故事、使命和价值观。

选择一个能够传达企业背后故事的视频名称。例如，一家家族经营的餐厅可以选择视频名称如“家族味道：传承的烹饪艺术”或“美食故事：家族传奇”，在名称中体现企业家族背景和独特故事。

视频名称包含能够准确传达企业使命和价值的词汇或短语，突出企业对社会或客户的承诺和影响力。例如，一家致力于环保的组织可以选择视频名称如“自然守护：共同打造绿色明天”或“环保行动：为地球尽一份力”，在视频名称中强调企业的环保使命和价值观。

视频名称包含能够引起观众情感共鸣的词汇，传达人们熟悉的情感或体验，与观众建立情感联结。例如，一家提供健康食品的公司可以选择视频名称如“身心平衡：呵护您的健康”或“美味共享：犒赏您的味蕾”，在视频名称中引发观众对健康和美食的情感共鸣。

企业可以选择一个能够传达企业愿景和未来展望的视频名称。例如，一家科技创新公司可以选择视频名称如“未来无限：开启科技新时代”或“科技融合：创造美好未来”，在视频名称中体现企业的愿景和创新能力。

3. 清晰简洁的表达

通过清晰简洁的表达方式以及简单明了的词汇，视频名称能够易于理解和记忆。这样的视频名称能够直接传达企业的核心信息和价值，吸引目标受众的注意力，并帮助他们更好地理解企业的特点和优势。

视频名称包含直接传达企业核心功能或解决方案的词汇。例如，一家提供在线支付解决方案的公司可以选择视频名称如“便捷支付：在线支付解决方案”或“快速支付：轻松便捷的在线支付”，在视频名称中突出企业的核心功能。

视频名称包含直接传达企业的核心价值主张的词汇。例如，一家生产销售健康饮品的公司可以选择视频名称如“健康之选：天然饮品的领导者”或“活力源泉：注入您的每一天”，在视频名称中突出企业的价值主张。

视频名称包含直接传达企业在行业中的地位和专业性的词汇。例如，一家提供房地产投资咨询的公司可以选择视频名称如“房产智囊：专业的投资咨询”或“投资慧眼：房地产市场投资领先者”，在视频名称中体现企业的行业地位和专业性。

视频名称包含直接传达企业独特特点或优势的词汇。例如，一家提供定制家具服务的公司可以选择视频名称如“个性定制：打造独特家居”或“品味家具：彰显品质生活”，在视频名称中强调企业的定制服务。

4. 利用品牌语言和口吻

在选择企业宣传类短视频的名称时确保名称与企业品牌的风格一致，能够在观众心中建立品牌认知一致性。这样的视频名称能够与企业的品牌形象和目标受众相契合，增强观众对企业的记忆和认知度。

视频名称包含传达企业品牌声音和态度的词汇或短语。例如，一家年轻、充满活力的体育品牌，可以选择视频名称如“超越极限：激发你的运动激情”或“活力动力：引爆体育新潮流”，在视频名称中体现品牌的活力和激情。

视频名称包含传达企业品牌风格和特点的词汇。例如，一家提供豪华旅游服务的公司，可以选择视频名称如“奢华之旅：打造您的梦想假期”或“尊享之旅：领略世界风光的奢华体验”，在视频名称中体现品牌的服务风格和独特性。

视频名称包含传达企业品牌个性和独特性的词汇。例如，一家提供创新科技产品的公司，视频名称可以选择如“未来创造者：引领科技革命”或“智能生活：与科技共舞”，在视频名称中体现品牌的创新性和前瞻性。

短视频名称与目标受众的关联性

增强短视频名称与目标受众的关联性是企业短视频营销的关键之一。一个与目标受众相关的短视频名称能够吸引他们的注意力，提高短视频的曝光度和观看率。通过调研目标受众，使用他们的语言和口吻，强调企业与他们相关的关键信息，并考虑他们的文化背景和地理位置（图 4-3），短视频名称可以确保与目标受众紧密相关，提升短视频的营销效果，如图 4-3 所示。

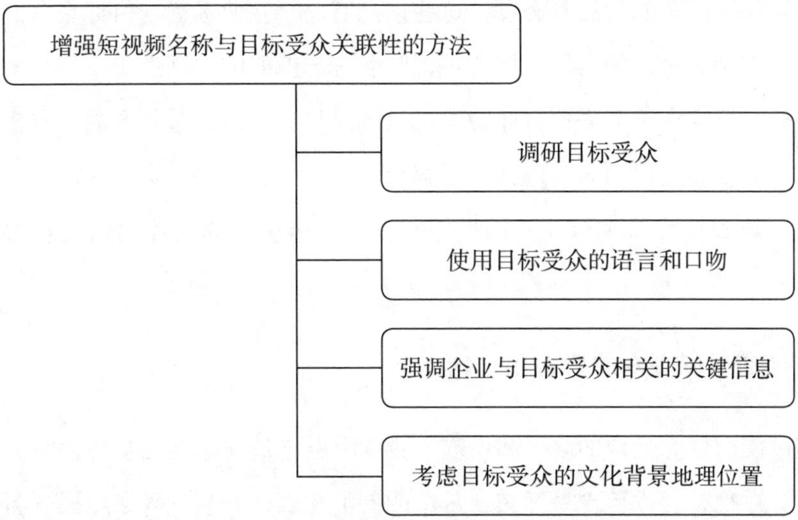

图4-3　增强短视频名称与目标受众关联性的方法

1. 调研目标受众

调研目标受众是在选择企业短视频名称之前需要完成的一项重要任务。企业通过调研目标受众，可以更好地了解目标受众的需求、喜好和期望。根据收集到的信息，企业可以选择与目标受众相关的词汇和表达方式，确保短视频名称与他们的兴趣和需求相契合。这样的短视频名称能够更好地吸引目标受众，提高短视频的点击率和观看率，从而增强企业短视频营销的效果。

首先，需要收集目标受众的基本信息，如年龄、性别、地理位置等。这些信息可以帮助企业了解目标受众的整体特征，并为后续的调研提供基础。

其次，通过调查问卷、社交媒体分析或市场研究报告等方式，了解目标受众的兴趣爱好。这些兴趣爱好包括他们喜欢参加的活动、喜欢购买的产品类型、关注的社交媒体平台等。这些信息有助于企业确定与目标受众兴趣爱好相关的词汇和表达方式，从而选择与他们兴趣相契合的短视频名称。

再次，了解目标受众的价值观和态度对企业短视频名称的选择非常重要。通过焦点小组讨论、深入访谈或社交媒体观察等方式，企业可以探索目标受众的价值观、对特定话题的看法和态度。这些信息有助于企业选择与目标受众的价值观和态度相契合的短视频名称，增强短视频名称与他们的关联性。

最后，研究竞争对手和行业趋势也是调研目标受众的重要方面。分析竞争对手的品牌语言和短视频名称选择，了解行业内的命名趋势和常见词汇。这可以帮助企业了解目标受众在行业中的期望和偏好，以便选择与他们相关联的短视频名称。

2. 使用目标受众的语言和口吻

通过使用目标受众的语言和口吻，企业可以创造一个与受众更紧密、更亲近的关系。短视频名称包含目标受众常用的词汇和表达方式，确保短视频名称与他们的语言习惯相契合，增加短视频名称与目标受众之间的关联性。这样的名称能够增强品牌与目标受众之间的共鸣，提高短视频的传播和营销效果。

通过观察目标受众在社交媒体、在线论坛或其他平台上的言辞和表达方式，企业可以了解他们常用的词汇、短语和表达方式，以及他们喜欢的语言风格。这可以帮助企业更好地理解他们沟通方式，为选择短视频名称提供参考。

选择与目标受众熟悉的词汇和表达方式相关的短视频名称。这样的名称与他们的语言习惯相契合，能够让他们更容易地理解和记忆。避免使用过于专业化的词汇或行业术语，除非目标受众是专业人士或对该行业非常了解。

目标受众的年龄和所在地域也会影响他们的语言和口吻。不同年龄段和不同地域的人可能有不同的口音、方言。在选择短视频名称时，要考虑这些因素，以确保短视频名称与目标受众的语言习惯相符。

根据目标受众的喜好，适当运用幽默的口语表达可以增加短视频名称与他们的关联性。幽默的口语表达能够使目标受众产生共鸣，让目标受众感受到与品牌之间的亲近和轻松的氛围。

3. 强调与目标受众相关的关键信息

在短视频名称中突出与目标受众相关的关键信息，可以吸引他们的注意力并激发他们的兴趣。考虑到目标受众的需求和利益，选择与他们最关心的问题或痛点相关的词汇和表达方式。这样的短视频名称能够让目标受众迅速理解短视频的内容，并有动力点击观看。

企业应针对目标受众的主要需求和痛点进行调研，找出其最为关注的关键词与话题，这些有可能成为吸引目标受众眼球的关键点。这需要在调研的基础上了解目标用户在什么方面会有疑问或困惑，他们最为关注什么问题。比如，对于追求时尚生活的年轻人来说，“新款潮流单品”可能就是一个关键词；而对于职场人士来说，如何平衡工作与生活可能就是他们较为在意的一个话题。例如，一个短视频以“如何平衡工作与生活”作为名称，相信会吸引更多职场人士的注意。

使用一定的交互式形式，也能提升短视频名称的可接受性。例如，“如何才能更快地提高工作效率？”或“职场新人最常见的10个错误行为，你犯过几个？”这类提问式的标题结构，能诱发用户主动思考的心理机制。他们会想弄明白问题的答案，纷纷点击视频并观看。因为这类名称暗示着短视频将会为用户解答共同关注的问题，进而提升其观看的积极性。交互元素的运用能极大激发用户的好奇心和学习动机，有利于增加用户对短视频价值的认可度，进而提升点击率。

在拟短视频名称时，不能忽视目标受众群体本身的特征。要结合他们的年龄层次、知识背景等因素，精准把握最适当的表达难度。名称中不要使用太生僻难懂的专业词汇，也不宜过于简单，否则容易失去专业性。同时，不同受众的倾向有差异，一些群体更喜欢简洁明了的表述，一些则倾向于思考性较强的表达。这需要企业进行细致分析，选择受众可以自然接受的表达角度。此外，视频名称最好言简意赅，直指核心，不添加无关累赘。一些过度概括或迂回的表达，容易使受众产生阅读负担，从而降低点击率。短视频名称应该像一个瞬间的信息传达窗口，让人一看即懂。

4. 考虑目标受众的地理位置

目标受众所处的地区或国家将决定短视频名称所用语言及词汇的选择。不同地区和文化对语言的表达方式有不同的偏好和理解，企业应该确保短视频名称在不同文化和地理背景下都能保持关联性和可理解性，以便更好地吸引目标受众。

如短视频面向多个地区受众，标题应使用较通用而又不失精准的表述，可保留内容核心而省略地域细节。要考虑全球化视角下的认知差异，如时间性表达、价值观念等，以免产生误导。企业可以归纳不同地区的热门关键词，并根据与视频主题的匹配度进行灵活运用或结合。企业可以持续跟踪不同地区受众反馈，针对性地调整标题以提升地域相关性，必要时支持多国语言，根据细分地域采用不同的语言，这是提升效率的重要方式。但地理要素不宜主导内容表达，以免丢失短视频与其他地区目标受众的关联性。以上这些地理位置因素方面的考虑，都有助于增强短视频名称与目标受众的关联性。

名称与短视频风格的一致性

名称是一个短视频的名片，应该充分体现视频的风格特征和内容导向。而视频风格就是影响和引导用户体验的重要方面。只有保持名称和视频风格吻合，才能形成协同作用，真正发挥互相叠加的效应，使用户更轻松地理解和接受短视频的风格，从而提高转化率。下面从名称选择应与视频语言风格相结合和名称语言应与视频视觉节奏相匹配两个方面，来探讨这个议题，如图 4-4 所示。

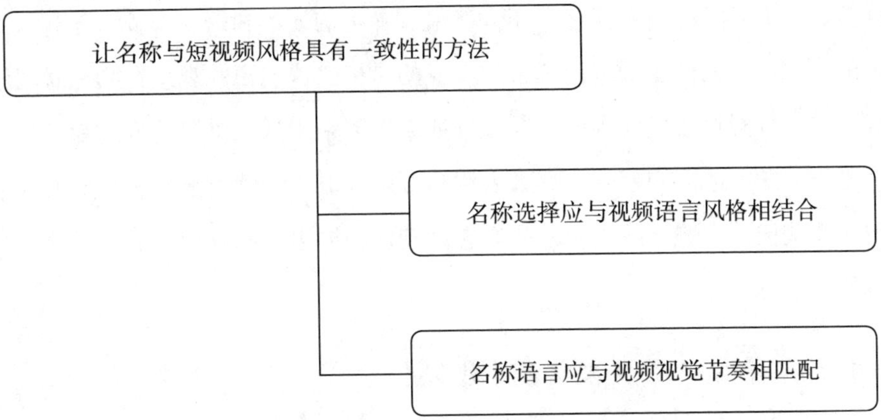

图4-4　让名称与短视频风格具有一致性的方法

1. 名称选择应与视频语言风格相结合

有一家品牌日用品公司，想通过一支短视频，为消费者介绍其新推出的无香精洗衣液。视频采用轻松幽默的方式，通过一个家庭主妇使用该洗衣液后，一步步解决生活里碰到的许多小问题来展示产品功能。短视频的风格明快活泼，看点简单直接。基于此，公司给这个视频取名为“一个让生活变得更容易的小小洗衣液”。

这样轻松的名称，与视频本身明快活泼的表现手法高度契合。它传递出视频将采取生活化的例子来介绍产品的信息，同时也凝练地展示出产品带来轻松生活的主旨。这样一来，用户在观看视频前就能形成一个与视频风格高度一致的期待，有利于用户掌握视频取向，提升观看体验及对视频的理解度，从而起到很好的预热效果。

由此可见，只有从语言层面上建立起符合观众期待的感知，才能真正发挥名称作用，顺利引导观众体验视频本身。这也是构建统一体验品牌的一个重要环节。

一个高效的名称，应当在一定程度上反映出短视频真实的视觉和语言样式。如果一支视频采取轻松幽默的方式，通过生活化的例子为观众介绍新产品的用法和优势，那么其名称就不应当采用太严肃、隆重的词汇和语气。较为随和、简单直白的表述，反而能更好地诠释视频本身的风格。这能帮助观众在第一时间就对视频形成一种轻松态度的预期。同理，如果视频采用深入讲解的方式和教学的语调，分析问题的成因与核心，那么名称亦可以采取思考性更强的表达形式。例如以问句方式描述主题，或采用一些概念性较强的词语，都有利于引导观众接受较深奥的表达方式。

2. 名称语言应与视频视觉节奏相匹配

有一家公司制作了一支视频，总结新产品用户需求调研问卷结果。视频通过对比不同用户群体在设计细节上的看法，利用饼图、柱状图等视觉图表进行数据分析，以一目了然的方式展示用户偏好情况。鉴于视频采用数据对比的视觉表达手法，企业为这个视频起名为“设计新产品的三个难点，用户都有哪些看法？”

这个标题使用了问句的形式，语言上加入一定的思考性，与视频本身通过视觉进行深入分析和对比的视觉节奏高度匹配。能帮助用户初步了解以数据为切入点的视频主题。以这个与视频视觉节奏相互呼应的名称非常好地引导用户性以更加仔细的心态来观看视频。

视频作为视觉影像类内容，其节奏感和焦点设置与语言表达的搭配也相当重要。一个高效的标题应体现这方面的关联性。如果短视频采用简洁明快的视觉编排手法，强调快速传达核心信息，那么语言上使用较为简练通顺的词汇和表达形式就能很好地迎合其视觉节奏。这能帮助观众快速明白视频主题。相比之下，如果视频镜头采用了一定的停留时间，利用详细的画面语言来钻研解读一个问题，那么标题文字就可以带些思考性，使用一些具有深刻内涵的词。这与视频本身的视觉节奏和信息浓度一致。

短视频名称的品牌形象和记忆度

某鞋业品牌准备推出新款运动鞋，是专门为年轻女性用户设计的。品牌通过短视频的方式来进行产品预热。视频采用了欢快的音乐和色彩艳丽的画面，展示新鞋的各种设计风格。为此，品牌把这个短视频命名为“只看一眼让你也‘哒哒走’”。这个充满趣味的名称通过表现鞋子简约大方却动感十足的风格特征，很好地诠释了品牌针对年轻用户的设计理念。同时“只看一眼”“哒哒走”这样生动直白的词汇搭配在一起，使名称既具识别度又容易传播和被用户记住，从而起到很好的预热和引流作用。

事实说明，在选择短视频名称时，应注重提升品牌识别度和影响力，提升客户对品牌的记忆度，从而让名称能够反映品牌形象，如图 4-5 所示。

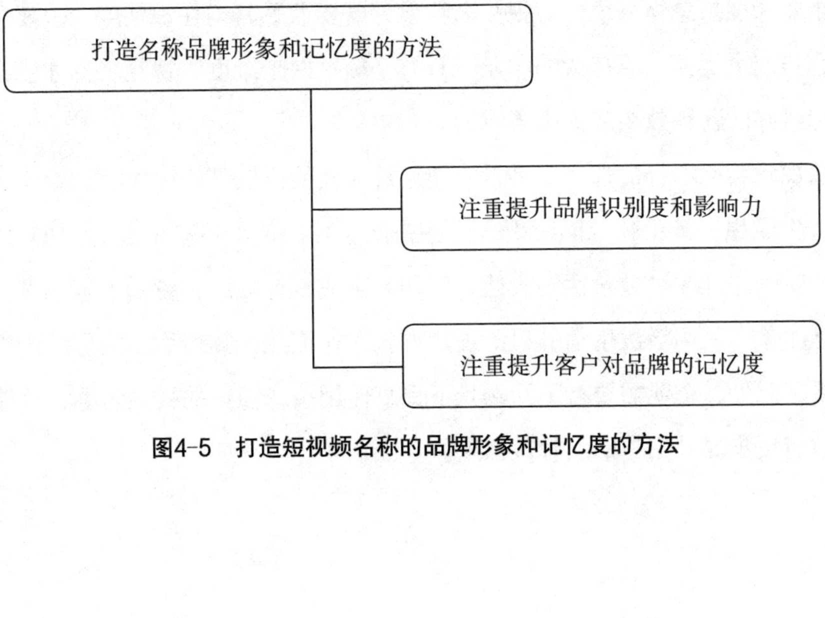

图4-5　打造短视频名称的品牌形象和记忆度的方法

1. 注重提升品牌识别度和影响力

在短视频名称的设计上，考虑如何提高品牌识别度和影响客户是一个非常重要的环节。其中应注重以下几点：首先，视频名称文字的选择上需要注意运用品牌已经形成的核心关键词。这些词汇长期被使用后已经成为客户自动联想到该品牌的符号。其次，视频名称视觉表现的细节，例如字体和颜色等，也要与品牌整体风格保持一致，形成一个统一视觉体系。最后，简洁易识别的表达能很好地帮助客户将视频名称与品牌牢固联系起来，较短词汇往往令人印象深刻。使用一些趣味性表达，如感叹语气，也可以提升客户关注度。多个短视频作品间保持一定程度的同质命名，能有力加深品牌印象。

只有通过上述各个细节的调整，视频名称才能真正在视觉和认知上，起到帮助客户识别品牌和提升品牌影响力的重要作用。这对打造品牌形象非常关键。

2. 注重提升客户对品牌的记忆度

保证短视频名称能给客户留下深刻印象和长时间回忆，也是影响营销效果的一个重要纬度。总体来说，短视频名称设计既要兼顾其内在识别度，也要考虑如何令客户产生更深、更持久的印象。只有平衡这两个维度，视频名称才能帮助品牌发挥最好的营销效果和提高影响力。

从视频名称本身的选择上来看，使用规律性的语法结构，如押韵就比较容易令人产生联想和被记住。同时引入一些搭配新颖的词汇也能引起客户的好奇心。选择一些顺序性或者数量性的表述，例如数字或某种顺序，更利于客户进行区分和树立印象。采用活泼生动的口语表达方式，往往让视频名称印象更易产生于口语传播。此外，企业需要在不同场景下重复使用一个稳定的视频名称，这能通过学习效应逐步提升用户的品牌认知度。

第五章

必备的短视频运营实操技巧

随着关于短视频的各项管理规定颁布和实施，短视频运营需适时调整各项要素与模式，诸如创作合规短视频内容、推广改用合规途径、完善内控与流程管理等。整体来说，企业应以新规为契机调整各项运营环节与计划，使短视频服务满足新的合规环境，为用户提供更有价值的内容。

短视频运营要素、管理办法及流程

随着关于短视频的各项管理规定的颁布和实施，企业在进行短视频运营时需要认真明确和把握三大要素，即新兴平台的运用、短视频内容的深度挖掘及智能化运营模式的应用。这些要素对于企业来说至关重要，可以帮助企业在竞争激烈的市场中脱颖而出。与此同时，企业应通过制定合适的办法和流程，来更好地满足受众需求，提高项目的运营效果，以在竞争激烈的市场中取得成功。

1. 把握好短视频运营三大要素

短视频运营有三大要素：平台选择和推广、内容创作和深度挖掘和智能化运营模式的应用，如图 5-1 所示。下面通过一个企业案例来说明。

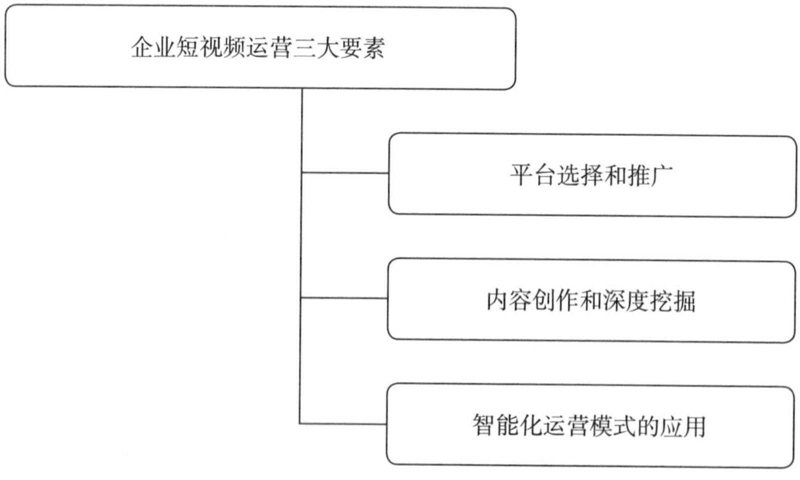

图5-1　企业短视频运营三大要素

有一家时尚电商公司，他们注意到年轻一代消费者在社交媒体平台上的活跃度，决定将短视频运营重点放在抖音上。他们了解到抖音是一个快速增长的平台，拥有庞大的年轻用户群体。为了充分利用这个平台，该公司定期发布精心制作的时尚短视频，展示他们的产品、潮流穿搭和时尚灵感。该公司深入研究了抖音的算法和用户喜好，并根据其特点制定了独特的运营策略，如使用流行配乐、活泼的剪辑风格和有趣的挑战活动，吸引了大量的关注，产生了大量互动。

为了确保短视频内容具有吸引力和与目标受众的共鸣，这家时尚电商公司进行了深入的市场调研和目标受众分析。他们了解到年轻消费者对于时尚潮流、个性化和创新的追求，因此他们的短视频内容围绕这些主题展开。他们挖掘时尚趋势，提供穿搭建议和时尚灵感，并与明星、时尚博主等合作，增加内容的吸引力。此外，该公司还密切关注受众的反馈和互动，根据数据分析对短视频进行持续优化和调整，确保短视频内容能够持续吸引受众的关注和讨论。

该公司通过利用智能化工具和平台进行短视频运营的精细化管理和优化。他们采用人工智能技术来分析受众的行为数据和喜好，了解他们的购买习惯和偏好，以便更好地定位和推荐产品。他们还使用大数据分析来评估短视频的影响力和效果，以便优化投放策略和资源分配。此外，他们利用智能化运营模式和自动化运营流程提高工作效率，例如使用调度工具和自动化剪辑软件，简化短视频制作和发布的流程。

通过这些努力，这家时尚电商公司在短视频运营中取得了成功。他们通过选择合适的平台，制作具有吸引力和相关性的短视频内容，并利用智能化工具和平台进行精细化管理和优化，吸引了大量的目标受众，并提高了品牌的知名度和销售效果。这个例子展示了企业在短视频运营如何中认真把握三大要素，以获得竞争优势和商业成功。

这个案例告诉我们，短视频平台的运用是一个重要的趋势和发展方向。事实上，目前的短视频平台有很多，诸如抖音、快手、微信视频号、西瓜视频、抖音火山版、腾讯微视、好看视频、央视频、美拍和秒拍等。企业需要了解这些平台的用户群体、使用习惯、功能特点及推广机制。例如，一些新兴平台可能更受年轻用户欢迎，而另一些平台可能更适合特定的行业或群体。企业需要根据自身的产品、品牌定位和目标受众，选择合适的平台。随着新兴平台的不断涌现，企业还需要及时抓住时机进行推广。这意味着企业需要密切关注市场动态和新兴平台的发展趋势。一旦发现有潜力的新兴平台，企业应该迅速制定相应的推广策略和计划，并在适当的时机进入平台展开推广活动。这可以包括发布独特而吸引人的短视频内容，与平台上的意见领袖或重要用户进行合作，参与平台上的热门话题或挑战等。

企业在利用新兴平台进行短视频运营时也要注意一些挑战和风险。首先，新兴平台的用户基数可能相对较小，因此企业需要评估平台的潜在受众规模和市场份额。其次，新兴平台可能还不够成熟，存在技术或运营问题，企业需要谨慎选择合作伙伴，并确保平台的稳定性和可靠性。最后，新兴平台的用户特点和使用习惯可能与传统平台存在差异，企业需要进行充分的调研，以制定针对性的运营策略和内容创作方案。

短视频内容的深度挖掘是当前短视频运营中的一个热点和趋势。在这种趋势下，优秀的短视频内容能够给观众带来更多的思考和启示，同时满足受众群体的审美和价值观。通过短视频，内容创作者可以在短时间内传递有价值的信息和观点，激发观众主动思考，并为他们带来新的启发和体验。这对于短视频领域的发展和创作水平的提升都具有积极的影响。

需要注意的是，短视频的长度限制和观众注意力的短暂性仍然存在。优秀的短视频内容需要在有限的时间内传递有价值的信息，激发思考，并且保持足够的吸引力，以便让观众真正投入其中。因此，创作者在制作短视频时需要巧妙地平衡内容的深度和长度，以确保观众能够从中获得满足感。

智能化运营模式的应用对于短视频运营具有重要的意义。通过智能化推荐、智能化剪辑、数据分析和智能审核等方面的应用，短视频平台可以更好地满足用户需求，提高内容质量，为用户提供更优质的体验，增加用户黏性，实现可持续发展。以智能化推荐为例，短视频平台可以借助智能化推荐系统，根据用户的兴趣和行为数据，自动为用户推荐他们可能感兴趣的视频内容。这种个性化推荐可以提高用户黏性，增加观看时长和互动率。通过分析用户的历史观看记录、点赞、分享等行为，智能推荐系统可以不断学习和优化推荐策略，提供更符合用户口味的内容。

当然，智能化运营模式的应用也需要注意数据隐私保护和算法公正性等问题，确保技术的应用符合伦理和法律规定，为用户和创作者提供一个安全、可信赖的环境。

2. 短视频运营管理办法及流程

短视频运营的成功在于管理方法的正确性和管理流程的科学性。大体而言，应包含这样一些方面：明确短视频的目标和受众群体；制定合规的运营策略和推广方案；通过优化内容，满足受众喜好，同时保持创新有趣的风格；监测和改进运营效果，调整策略和方案，提高效率和效果，如图 5-2 所示。

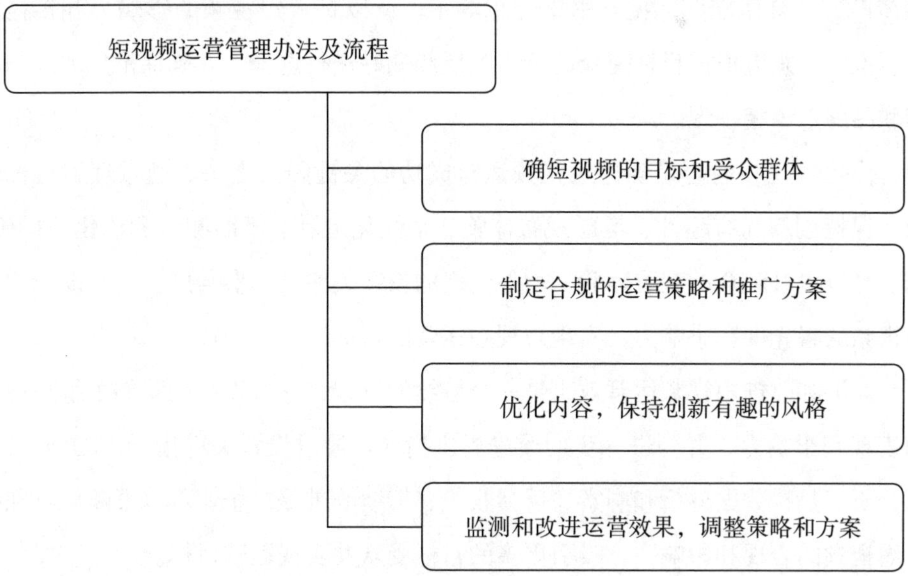

图5-2　短视频运营管理办法及流程

明确短视频的目标和受众群体是短视频运营的关键步骤。首先，明确目标意味着确定短视频的目的和期望结果，例如增加品牌知名度、提高用户参与度或增加销售量等。这有助于为运营团队提供明确的方向和指导，确保他们努力朝着统一的目标前进。其次，明确受众群体意味着了解短视频的目标观众是谁。这需要企业进行市场调研和分析，了解目标观众的特点、兴趣、偏好和行为习惯。通过细分受众群体，企业可以更好地了解他们的需求和期望，从而针对性地制定运营战略和策略。

制定合规的运营策略和推广方案旨在实现短视频目标并吸引目标受众。首先，基于目标和受众群体的特点，企业需要确定内容制作的方向和风格，以便创作能够引起他们共鸣的内容。内容制作应注重创新、有趣和具有情感共鸣，以吸引和留住观众。其次，选择适当的发布渠道也至关重要。不同的社交媒体平台具有不同的特点和用户群体，因此需要根据受众群体的喜好和使用习惯，在最适合的平台上发布短视频。例如，年轻人更倾向于使用抖音。选择正确的平台有助于提高曝光度和精准触达目标受众。最后，推广方式也需要考虑，这包括使用社交媒体广告、合作推广、搜索引擎优化等手段，以扩大短视频的影响力和传播范围。推广方式应根据目标受众的行为习惯和偏好进行选择，并确保推广方式与内容和品牌形象相一致。

优化短视频内容是确保短视频运营成功的关键因素之一。通过理解目标受众、保持创新和有趣性、考虑观看体验、个性化定制、不断测试和优化等措施，企业可以提升观众的观看体验，增加他们的持续关注度和参与度。这有助于增加短视频的曝光度和影响力，实现短视频运营的目标。

监测和改进短视频运营效果是一个持续的过程，它可以帮助我们了解短视频的表现和影响力，并为进一步的改进提供指导。通过设置关键指标（KPIs）、使用分析工具、数据分析和洞察、反馈收集、持续改进等，企业可以不断优化和提升短视频的表现和影响力，吸引更多的目标受众并实现运营目标。

创作合规短视频内容，把握好内容的主题和风格

中国网络视听节目服务协会于2021年12月15日发布了《网络短视频内容审核标准细则》(以下简称《细则》)，对危害中国特色社会主义制度的内容、分裂国家的内容、损害国家形象的内容等21类内容100条标准进行了完善，为各短视频平台一线审核人员提供了更为具体和明确的工作指引。《细则》规定，短视频节目等不得出现“展现‘饭圈’乱象和不良粉丝文化，鼓吹炒作流量至上、畸形审美、狂热追星、粉丝非理性发声和应援、明星绯闻丑闻的”“未经授权自行剪切、改编电影、电视剧、网络影视剧等各类视听节目及片段的”“引诱教唆公众参与虚拟货币‘挖矿’、交易、炒作的”内容等。

从这些规定中可以看出，短视频内容的关键在于“合规”二字。短视频内容的合规在当前的互联网环境中越来越受到关注。

1.“合规短视频内容”解析

所谓合规短视频内容，指的是在法律法规和道德规范的基础上制作和传播的短视频内容。合规内容的制作需要制作者具备相关法律法规和行业规范的基本知识，注重社会责任和伦理道德，以确保短视频的社会性、道德性和合法性。

合规短视频内容应该符合国家法律法规的规定，包括但不限于不涉及政治敏感话题、不含有色情、赌博和暴力等违法违规内容，不侵犯他人的合法权益，如知识产权、隐私权等。除了法律法规，互联网行业也有一些自律规范和指导原则，合规短视频应该遵循互联网行业规范。如社交媒体平台的使用规则、广告宣传的准则等，禁止传播虚假信息，特别是可能对社会产生负面影响的虚假新闻、

谣言和不实言论。制作人应该通过事实核实和可靠的引用来源来确保内容的真实性。此外，合规短视频内容也应该尊重他人的隐私权和其他人身权益。在制作和传播短视频时，应当遵守相关的隐私保护规定，不得侵犯他人的隐私权、名誉权和肖像权等。合规短视频应该具备良好的社会价值和文化内涵，能够传递积极的信息和价值观，这包括正面的思想、社会公益等方面的内容，以推动社会正能量的传播。

2. 了解法律法规和道德规范，把握好内容的主题和风格

创作合规短视频内容需要了解法律法规和道德规范，确保内容符合相关规定。此外，必须把握好内容的主题和风格，选择具有社会价值和文化内涵的主题，采用正能量的风格，并强调人文关怀和情感共鸣，以传递积极的信息和价值观。通过对这两个方面的关注，可以创作出合规且有意义的短视频内容。

在国家法律法规方面，需要遵守《中华人民共和国网络安全法》《中华人民共和国互联网信息服务管理办法》《中华人民共和国反垃圾邮件法》等相关法律法规，确保短视频内容不违反法律法规的规定。此外，还需要了解互联网行业自律规范，如《中国互联网视听节目服务自律公约》《中国互联网社会组织联合会自律公约》等。

创作合规短视频内容的关键在于把握好内容的主题和风格。可以选择与科技、文化、教育、环保等有关的主题，这些主题能够传递积极的价值观，具有良好的社会影响力。在短视频内容的制作中，要注重传递积极向上的情绪和态度，避免过度渲染负面情绪和暴力冲突，传递积极的能量和鼓舞人心的信息，可以通过表达人与人之间的关爱、友情、亲情等情感，让观众产生共鸣。短视频可以关注社会问题并提供积极的解决方案，传递温暖和正能量。在创作短视频内容时，要尊重不同的文化、社会群体和个体差异。避免偏见和歧视，并推动多元化和包容性的价值观。

制订新的推广计划，以适应新的政策和市场需求

国家广播电视总局等部门发布了关于短视频的诸多方面规定，对短视频平台的内容等方面进行了规范。在这个背景下，各企业急需制订新的推广计划。他们需要找到适应各项规定的策略和方法，以确保在合规的前提下有效推广产品和服务。具体来说，需要了解各项规定的相关内容，加强对营销人员的培训，加强广告审核制度，加大内容创作和品牌塑造的力度，以及加强对用户数据隐私的保护，如图 5-3 所示。

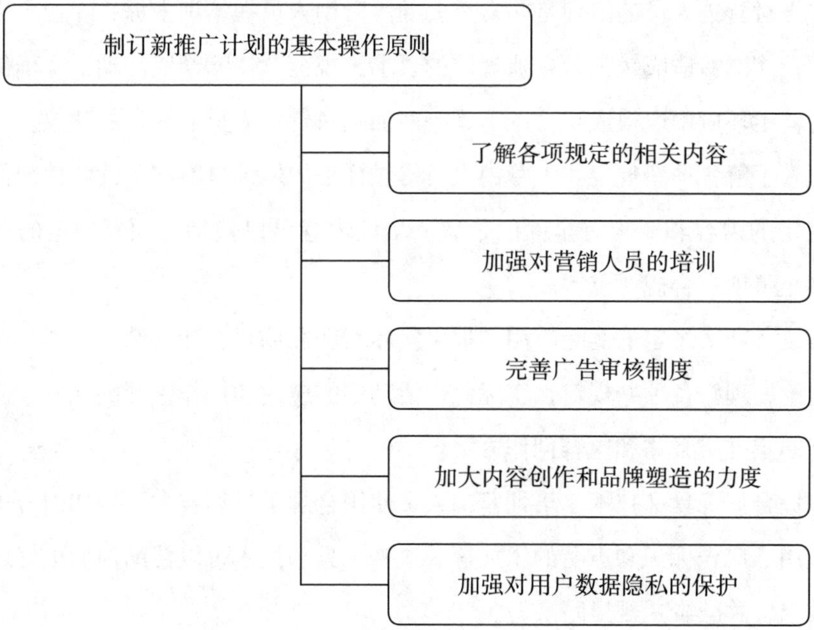

图5-3　制订新推广计划的基本操作原则

1. 了解各项规定的相关内容

了解各项规定的相关内容是制订新的推广计划的第一步。对短视频的要求包括以下四个方面：一是内容监管。禁止传播低俗、暴力、超限、违法等不良信息。短视频内容应秉持健康、向上、有益的原则。二是规范主播。短视频直播主播需要获得相应的资质，并遵守相关规定。三是广告审核。广告必须经过事先审核，并标明广告的真实性和商业属性，禁止误导消费者。四是用户数据隐私保护。未经用户同意，禁止以任何形式采集、利用、泄露用户的信息。

在制订新的推广计划时，企业需要遵循以上要求，并相应地调整营销策略和推广计划，这样有助于产品和服务的有效推广。

2. 加强对营销人员的培训

加强对营销人员的培训是非常重要的。营销人员在培训中提高专业水平和合规意识，才能够适应短视频各项规定的要求，规范营销和推广活动，并确保企业在新的营销环境中取得成功。以下是一些加强对营销人员的培训的建议。

深入了解各项新规定。为营销人员提供详细的培训材料和解读，使他们对各项新规定的内容和要求有全面的了解。培训内容可以包括各项新规定的核心原则、禁止事项、合规要求等。

解读各项新规定的实际应用。提供实际案例和场景，让营销人员通过案例分析和讨论，理解各项新规定在实际营销活动中的应用和操作，帮助他们掌握如何合规地制定推广策略和内容创作方案。

掌握合规工具和技术。培训营销人员使用合规工具和技术，例如内容审核工具的应用、广告标识和声明的添加等。这些工具和技术可以帮助他们更好地落实各项要求，并减少违规风险。

强调道德和职业操守。培养营销人员的道德意识和职业操守，让他们明白合规营销的重要性，并遵守行业的自律规范和道德准则。

持续学习和更新。营销行业一直在不断变化和发展，因此培训应该是一个持续性的过程。营销人员应多参与行业研讨会、培训课程和其他学习课程，以保持对最新趋势和法规的了解。

3. 完善广告审核制度

完善广告审核制度是确保广告内容合规性和真实性的关键措施。企业通过加强广告审核制度，可以有效提升广告内容的合规性和真实性，防止违规广告的传播，保护消费者的权益。同时，企业需要定期对审核制度进行评估和优化，以适应行业的发展和新规的出台。以下是一些完善广告审核制度的建议。

建立严格的审核流程。建立完善的广告审核流程，明确审核的责任人和审核标准，确保广告内容符合法律法规和相关行业准则，不违反对短视频的相关规定。

培训审核人员。提供专门的培训，使审核人员熟悉新规，了解广告审核的要求和标准。培训内容可以包括广告法律法规、虚假宣传的判断、广告标识的添加等。

借助技术工具和平台。利用技术工具和广告平台的审核功能，对广告内容进行自动或半自动审核。这些工具可以快速检测和识别违规内容，提高审核效率和准确性。

加强监督和反馈。建立监督机制，对审核结果进行监督和评估。定期对审核结果进行回顾和分析，及时给予审核人员反馈和指导，提高审核的一致性和准确性。

强调标识和呈现方式的合规性。确保广告中的标识和呈现方式符合规定，如标明广告的真实性和商业属性，避免误导和误解。特别是对于植入式广告或隐性广告，要明确地标识，让消费者清楚辨识。

4. 加大内容创作和品牌塑造的力度

加大内容创作和品牌塑造的力度是有效推广和营销的重要策略。通过加大对内容创作和品牌塑造的力度，企业可以打造独特而有吸引力的短视频内容，增强品牌的影响力和认知度。同时，积极塑造良好的品牌形象和口碑，为品牌的长期发展和市场竞争提供有力支持。以下是对加大内容创作和品牌塑造力度的一些建议。

投入更多资源。企业可以增加在内容创作方面的投入，包括人力、财力和时间，比如雇佣专业的内容创作团队或与专业制作公司合作，确保短视频内容的质量和创意。

制定内容策略。制定明确的内容策略，根据目标受众和品牌定位确定内容的主题、风格和形式。内容策略应与品牌价值观和目标一致，以提升品牌认知度和强化品牌形象。

强调品牌独特性。通过内容创作展示品牌的特点和独特性，突出品牌的价值主张和竞争优势。通过故事叙述、视觉效果等手段，让受众对品牌产生共鸣和认同。

与意见领袖合作。与在短视频领域有影响力的意见领袖合作，让他们为品牌代言或创作相关内容，这可以增加品牌的曝光度和影响力，吸引更多目标受众。

关注用户互动和反馈。积极与用户互动，回应用户的评论和反馈。倾听用户的需求和意见，根据用户反馈不断改进和优化内容，提升用户体验和品牌形象。

建立口碑营销。通过提供优质的产品和服务，创造良好的用户体验，从而获得用户口碑传播。积极开展在社交媒体和在线社区的宣传推广，与用户建立互动和信任的关系。

5. 加强对用户隐私的保护

加强对用户隐私的保护是非常重要的。通过保护用户隐私，短视频平台可以增强用户的信任感和满意度，建立良好的关系。同时，也能够降低数据泄露和滥用的风险，促进行业的可持续发展。以下是一些加强对用户数据和隐私保护的建议。

了解并遵守相关的法律法规。2017年6月1日起施行的《中华人民共和国网络安全法》规定了网络运营者必须加强用户信息保护，保护用户隐私。保护数据隐私有助于建立用户信任，保护用户权利，并防止数据泄露引发的负面影响。了解并遵守相关的隐私保护法律法规，可以确保用户数据的合法收集、存储和使用。

透明的隐私政策。制定并公开透明的隐私政策，明确告知用户个人信息的收集和使用方式，包括数据类型、用途、共享情况等，用户应能够清楚了解他们的个人信息将如何被处理。

最小化数据收集原则。只收集和使用必要的用户信息，避免收集与服务无关的个人数据。在收集用户数据时，确保获得用户的明确同意，并明示数据的用途和范围。

数据安全保护。采取合理的安全措施，保护用户数据的安全性和机密性。包括加密技术、访问控制、数据备份等，以防止数据泄露或被滥用。

用户控制权和选择。给予用户对个人信息的控制权和选择权，例如提供是否接收推广信息的选项，允许用户访问、更正、删除他们的个人数据的权利。

审查第三方合作伙伴。审查与平台合作的第三方服务提供商或合作伙伴的数据隐私保护措施，确保他们的行为符合相应的隐私标准和准则。

定期审查和更新。定期审查和更新隐私保护机制，以适应技术发展和法律变化，确保隐私政策和数据处理实践符合最新的隐私保护要求。

短视频运营的数据分析与优化策略

企业运营短视频账号已成为一种新的营销手段，而数据分析与优化是提升运营效果的关键。以抖音为例，假设某个抖音账号希望提升视频播放量和用户互动率，首先需要进行视频数据、用户数据和互动数据的采集，并进行趋势分析。分析该账号的视频播放量在过去一个月内呈现的上升下降趋势，是解决问题的起点。

对用户数据的深入分析显示，该账号的主要受众群体是 20 ～ 30 岁的年轻人，且受众男女比例基本平衡。针对这一发现，企业可以制定以下优化策略：首先，重新策划视频内容，提高拍摄和剪辑质量。通过重新审视账号的视频内容，能够更好地满足目标受众的口味和需求。其次，增加与用户互动的频次和深度。积极回复用户的评论，与用户建立更紧密的互动关系，增加用户对账号的关注度和忠诚度。

对互动数据的分析显示，用户的评论主要针对视频内容。那么基于这一发现，企业可以采取以下优化策略：首先，优化视频内容是关键。根据用户的评论和反馈，不断优化视频内容，以符合用户的兴趣和喜好。其次，制定挑战和互动活动。企业发布有趣的挑战和互动活动，吸引用户参与和互动，以增加用户黏性和互动率。

此外，为了扩大账号的传播范围，可以采取以下社交媒体传播优化手段：一方面，与其他热门账号合作是一种有效的方式。与在抖音平台上拥有大量粉丝的热门账号合作，进行视频互推和合作拍摄，可以扩大账号的曝光度。另一方面，发布有趣的挑战也是一种传播优化手段。借助抖音平台的挑战功能，发布有趣的挑战，吸引更多用户参与和分享，从而提升账号的影响力。

这个案例说明，在抖音平台上，数据分析和优化是提高账号运营效果的重要手段。只有通过深入了解受众需求、优化内容和增强互动，才能实现用户量的持续增长和用户忠诚度的提升。具体来说，可以从两个方面着手：分析短视频运营数据，制定短视频运营优化策略，如图 5-4 所示。

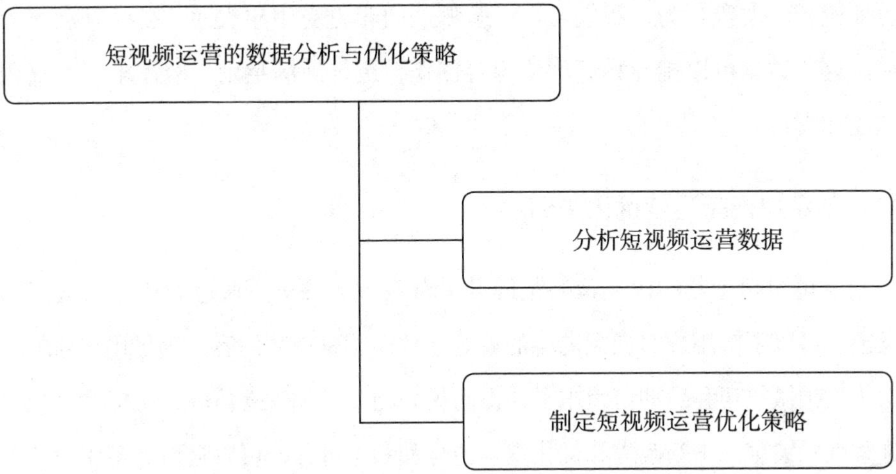

图5-4　短视频运营的数据分析与优化策略

1. 分析短视频运营数据

在短视频运营过程中，需要采集多种数据。视频数据包括播放量、点赞数、评论数、转发数等，这些数据可以直观地反映出视频的受欢迎程度。用户数据包括年龄、性别、地域、职业等信息，通过这些数据可以更好地了解目标用户群体的特征和偏好。互动数据包括点赞、评论、转发等数据，这些数据可以揭示用户对内容的喜好和态度。

在采集到相关数据后，可以通过数据分析来深入了解短视频的运营状况。首先，趋势分析可以帮助我们了解账号的发展趋势。通过观察视频播放量随时间的变化情况，我们可以了解哪些类型的视频更受欢迎，哪些时间段用户活跃度高，从而调整短视频发布策略和内容规划。

用户分析是非常重要的一环。通过分析用户数据，我们可以了解到目标用户的喜好和需求。比如，我们可以了解用户主要集中在哪个年龄段、性别比例如何，从而更精准地定位目标用户群体，并制定更有针对性的内容主题和营销策略。

互动分析可以帮助我们了解用户对内容的态度和反馈。通过分析用户的点赞、评论、转发等行为，我们可以了解哪些内容更受用户欢迎，哪些互动行为更常见。这些数据可以指导我们优化内容创作，更好地满足用户的需求，提高用户参与度和黏性。

2. 制定短视频运营优化策略

制定短视频运营的优化策略是提升运营效果的关键。通过分析视频数据和用户反馈，可以了解用户对视频内容的偏好，从而调整视频内容，满足用户需求。此外，优化拍摄技巧和后期剪辑水平，提高视频的质量和观看体验，是提升短视频受欢迎程度的关键。不断改进和优化视频内容和制作过程，可以吸引更多用户的关注和参与。

优化用户互动也是短视频运营的重要策略。积极回复用户评论和私信，及时回应用户的反馈和提问，可以增加用户对账号的信任度和忠诚度。与用户建立良好的互动关系，让用户感受到关怀和关注，能够促进用户积极互动，进一步提升账号的活跃度和影响力。

社交媒体传播是扩大短视频账号影响力的重要手段。在其他社交媒体平台上进行宣传和推广，通过与其他社交媒体账号的合作，分享短视频内容，扩大账号的传播范围。此外，利用社交媒体投放广告等手段，增加短视频在社交媒体上的曝光率，提高品牌知名度和影响力。合理利用社交媒体资源可以将短视频推荐给更广泛的受众群体，为账号的发展和增长提供更大的机会。

规避短视频运营风险的策略与技巧

短视频运营的工作主要是基于账号特色和定位进行主题策划、内容创意、短视频编辑、发布、数据反馈、推广营销等一系列工作。对短视频运营中的内容风险、版权风险、用户隐私风险和竞争风险需要予以足够的重视，如图 5-5 所示。尤其是在短视频各项相关规定的要求下，规避这些风险更需要有效的策略与技巧。

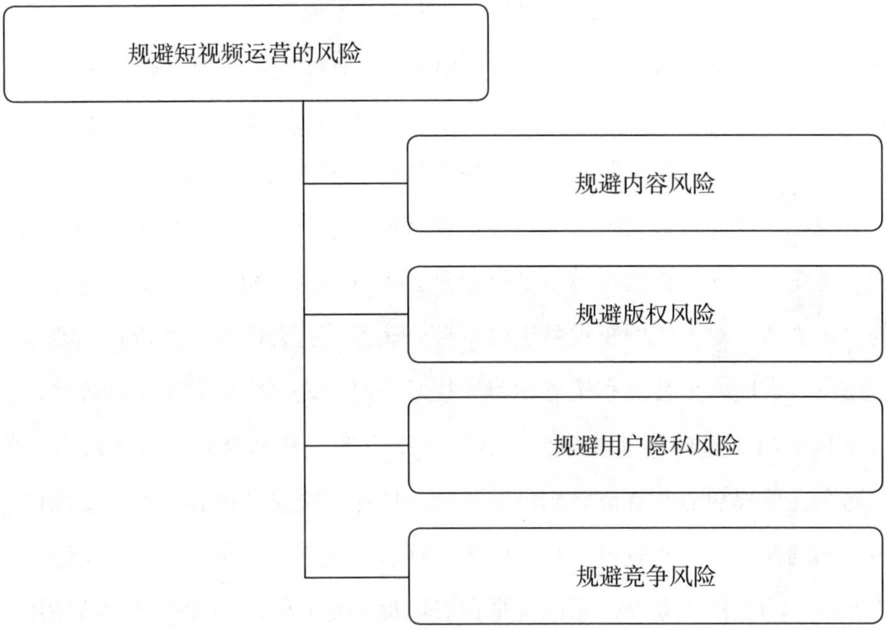

图5-5　规避短视频运营的风险

1. 规避内容风险

目前以“非虚构写作”为主要创作手段的纪实类短视频是一种时尚，它通过新闻的表现力强调情感与态度的传递。但在这种创作方式下，一些创作者简单将“非虚构”理解为“创作 + 事实”，在不注意的情况下可能夸大事实或虚构事实，导致视频内容与客观事实存在差距。

事实上，我们对于不同类型的短视频创作应进行区分和管理。首先，需要明确真实记录与虚构创作的界限，不能将摆拍视频打扮成新闻报道。纪实类短视频应该准确、真实地记录事实，传递客观信息，不应采用虚构手法。其次，要反思段子创作的伦理问题。一些短视频追求娱乐效果，通过夸张、恶搞等手法制造笑点，但这种创作方式可能在伦理上存在问题。要认识到，在追求娱乐的同时，不应该伤害他人的尊严或推广不当价值观。

比如，在面对“非虚构写作”这种创作风险时，创作者和观众都有责任。创作者应该保持敏感和责任感，确保创作内容与客观事实一致，避免夸大事实或虚构事实。观众则应该理性对待短视频内容，不盲目相信呈现在屏幕上的所有信息。

非虚构写作的创作风险其实就是短视频内容风险的一种表现。

为规避短视频内容风险，短视频运营者需要采取一系列措施来加强对内容的管理。首先，建立严格的内容审核机制是必不可少的。短视频运营者应该设立专门的审核团队，对上传的短视频进行审核，确保其符合国家法律法规的要求。此外，还可以借助人工智能和机器学习等技术手段，提高审核效率和准确性。只有通过审核的高质量内容才能被允许在平台上发布，从而有效减少违规内容的传播。其次，短视频运营者应该积极鼓励用户创作高质量的内容。为了提高内容的吸引力和创新性，运营者可以举办创作比赛、设立奖励机制等方式来激励用户进行优质内容的创作。此外，短视频平台可以提供专业的培训和指导，帮助用户提升创作能力和技术水平。这些措施不仅可以吸引更多优质创作者的加入，还可以提升整个平台内容的质量和价值。

值得一提的是，短视频运营者在规避内容风险的同时，也应该关注用户的个人信息保护和隐私安全。加强对用户数据的保护，建立严格的隐私政策，确保用户信息不被滥用和泄露，是短视频平台可持续发展的重要保障。

2. 规避版权风险

有一家创意制作公司，专门制作短视频内容，并将其用于品牌推广和市场营销活动。他们决定制作一支宣传视频，以展示他们最新的产品。在制作过程中，该公司选择了一个知名音乐家的作品，也使用了他人创作的素材而未经授权，视频中还出现了具有一定辨识度的人物形象。这样的做法面临着版权风险。

在短视频的制作过程中，使用未经授权的素材是一个常见的版权风险。短视频运营者往往需要引用音乐、图片、视频等资源来丰富内容，但如果未经原作者的许可擅自使用这些素材，就会侵犯他人的著作权。此外，如对他人的作品进行剪辑、二次创作等也容易涉及他人的知识产权。因此，短视频运营者在使用素材时，必须确保已经获得了原作者的授权，避免引发版权纠纷。

为了避免版权风险，短视频运营者与音乐、图片、视频等素材的版权所有者建立合作关系是至关重要的。短视频运营者应该与相关版权方进行沟通，获取使用素材的授权或购买合法的授权许可。这样做不仅可以确保素材的合法性，也有利于建立长期的合作关系，为短视频创作提供更多优质的资源。短视频平台也需要加强对用户上传的短视频的审核。通过建立严格的内容审核机制，短视频平台可以识别和防止侵权内容的传播。这需要投入足够的人力和技术资源，利用内容识别技术、版权数据库等工具来监测和验证上传内容的合法性。只有经过审核合规的短视频才能在平台上发布，从而确保知识产权得到有效保护。短视频平台应加强用户教育和宣传工作，提高用户对版权保护的意识。向用户普及版权法律法规和知识产权保护的重要性可以引导用户自觉遵守相关规定，避免侵权行为的发生。同时，短视频平台应鼓励用户创作原创内容，提供创作平台和奖励机制，为用户提供更多合法、有保障的创作环境。

3. 规避用户隐私风险

在短视频平台中，为了提供更好的个性化服务，运营者通常需要收集用户的一些个人信息，如手机号码、地理位置等。然而，如果在收集和使用用户信息的过程中不谨慎，就很容易导致用户隐私的泄露。一旦用户的隐私被泄露，不仅会对用户造成影响，还可能引起用户对短视频平台的不信任。因此，短视频运营者在处理用户信息时，需要遵守相关的法律法规，保护用户的隐私。

为了保护用户隐私，短视频运营者需要首先建立健全的用户信息保护制度，制定明确的规定，明确用户信息的收集、使用、存储等方面的规则，并确保这些规则遵守了相关的法律法规。同时，运营者应将保护用户隐私作为重要的运营原则，并将其纳入公司的隐私政策中，以明确承诺维护用户的隐私权。运营者也需要加强运用技术手段，确保用户信息的安全。运营者应该采取合理的安全措施，如加密存储用户信息、建立严格的数据访问权限等，以防止用户信息被未经授权的访问或泄露。此外，运营者应定期进行信息安全风险评估和漏洞扫描，及时修复安全漏洞，确保用户信息的安全性。还需要加强对用户的教育和保护用户知情权。运营者应该向用户提供清晰明了的隐私政策说明和用户协议，告知用户个人信息的收集和使用方式，并征得用户的明确同意，同时提供用户选择的权利，让用户自主决定是否提供某些敏感信息，以保护用户的知情权和选择权。

4. 规避竞争风险

短视频市场的竞争环境异常激烈，新的短视频平台不断涌现，而旧平台也在不断更新换代。在这种情况下，短视频运营者必须不断提高自身的竞争力，以在市场中立足并取得成功。

短视频运营者需要通过市场调研和数据分析了解用户的偏好和需求，及时调整短视频的内容和特点，提供更加符合用户期望的服务。也需要全面了解竞争对手的优势和劣势，并制定有针对性的发展策略。通过对竞争对手的分析，短视频运营者可以发现自身的差距和不足之处，进而制定相应的改进措施。例如，如果竞争对手在内容创作上更具优势，那么短视频运营者可以加大对原创内容的投入力度，提高短视频的内容质量和创新能力。还需要通过与其他行业的合作来拓展业务范围，提高自身的盈利能力。例如，可以与电商平台合作，将短视频中的产品引导到电商平台进行销售，从而增加平台的收入来源。

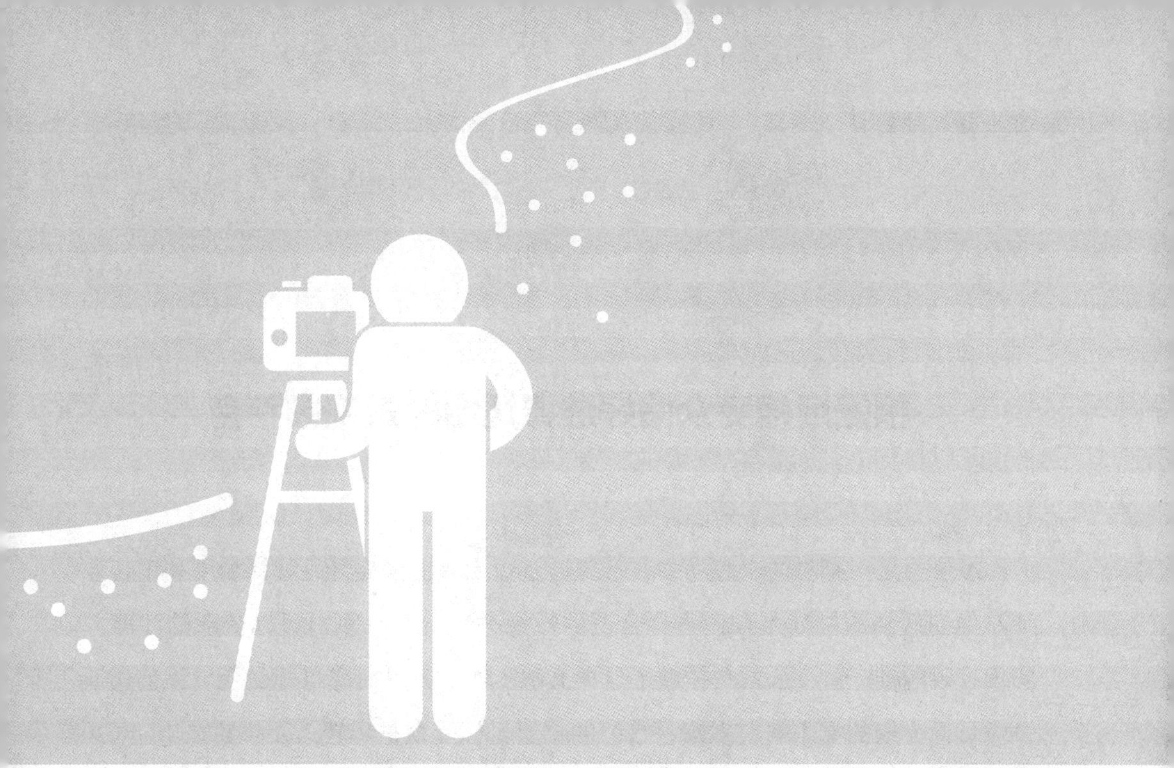

第六章

选择合适的短视频平台与渠道做推广

企业在选择合适的短视频平台与推广渠道时，首先需要根据目标受众偏好选择合适的短视频平台，并分析主流短视频平台的特点和优势。在此基础上，企业要通过社交媒体整合、社交媒体广告、关键意见领袖（KOL）合作等方式做短视频推广，以提升品牌曝光和互动效果。

根据目标受众偏好选择适合的短视频平台

A 公司是一家时尚服装品牌，希望通过短视频营销提升品牌知名度和销售业绩。他们面临的挑战是如何选择合适的短视频平台，以吸引目标受众的注意并实现有效的推广。A 公司具体做了这样五项工作：一是研究目标受众。该公司通过对目标受众的深入研究发现，自己的主要目标受众是年轻人，年龄在 18 ～ 30 岁，对时尚潮流敏感，喜欢社交媒体和短视频分享，主要关注时尚、美妆和生活方式相关的内容。二是分析短视频平台的特点。该公司对各个短视频平台的特点进行了分析，发现抖音是一个拥有庞大用户群体的短视频平台，以时尚和潮流内容为主，与他们的目标受众特点高度契合。此外，他们还注意到快手是一个以生活记录和才艺展示为主的平台，虽然用户群体也是年轻人，但不太符合品牌的定位。三是观察竞争对手。该公司通过观察竞争对手在短视频平台上的活动，注意到一些竞争对手在抖音上发布了时尚秀和搭配分享的短视频，取得了良好的反响和用户互动表现。这进一步加强了该公司选择抖音作为主要短视频平台的决策。四是考虑平台用户规模和活跃度。该公司注意到抖音是一个拥有庞大用户规模和活跃度的短视频平台。根据数据分析，抖音的日活跃用户数过亿，是一个非常受年轻人欢迎的社交媒体平台。这意味着在抖音上发布短视频将有更大的曝光机会和更多的用户互动。五是测试和评估。该公司决定在抖音上发布一系列时尚秀和搭配分享的短视频，并进行测试和评估。视频的播放量、点赞数、评论数以及用户的互动和反馈等数据显示，在抖音上发布的短视频获得了较高的曝光量和用户互动率，进一步验证了他们选择抖音作为主要短视频平台的决策的正确性。

通过以上五项工作，A 公司成功选择了适合他们的短视频平台——抖音。通过在抖音上发布精心制作的时尚短视频，公司吸引了大量目标受众的关注和互动，提升了品牌知名度和影响力，也取得了销售业绩的增长。

A 公司这个案例表明，选择合适的短视频平台是企业短视频营销成功的关键因素之一。通过深入研究目标受众，分析短视频平台的特点，观察竞争对手，考虑平台用户规模和活跃度，并进行测试和评估，企业可以根据目标受众的偏好选择适合的短视频平台，实现精准推广和有效营销，提升品牌知名度和影响力，如图 6-1 所示。

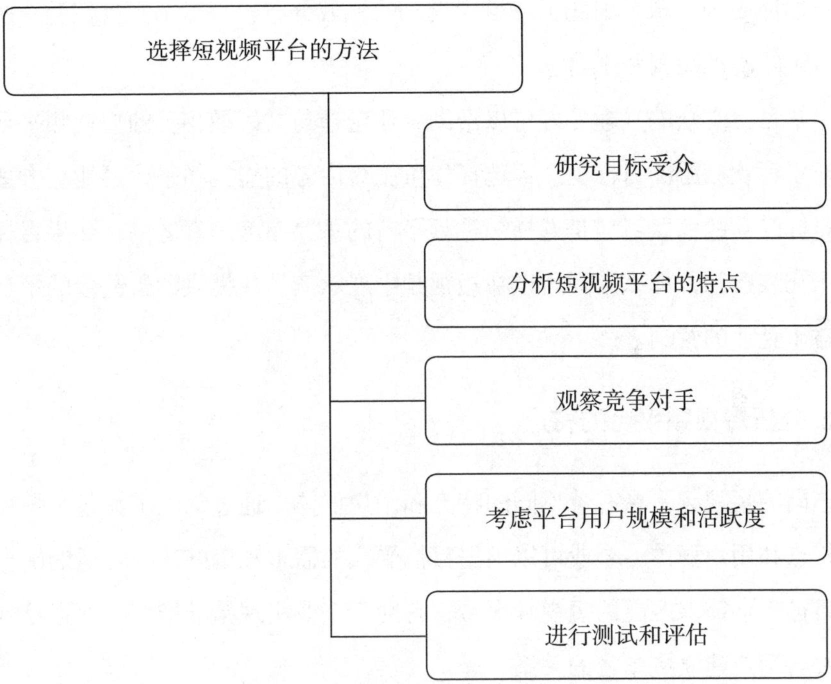

图6-1　选择短视频平台的方法

1. 研究目标受众

深入研究目标受众的年龄、性别、地域分布、兴趣爱好和消费习惯等信息，对选择合适的短视频平台至关重要。这些数据将为企业决策提供重要的依据，帮助企业选择与目标受众需求匹配的短视频平台，实现精准推广和有效营销。

不同年龄段的人对短视频平台的偏好可能不同。年轻人通常喜欢时尚、音乐、潮流等内容，而中年人可能对家庭、生活技巧等内容感兴趣。因此，根据目标受众的年龄，选择适合该年龄段用户的短视频平台是重要的。

男性和女性对短视频平台的兴趣和偏好可能有所不同。例如，女性可能更关注美妆、时尚、生活方式等内容，而男性可能更关注科技、体育、游戏等领域。了解目标受众的性别结构，有助于选择与目标受众兴趣相关的短视频平台。

不同地区的人对短视频平台的使用和喜好也存在差异。一些平台在特定地区的用户群体更为活跃，因此了解目标受众的地域分布，可以选择目标受众所在地区具有影响力的短视频平台。

了解目标受众的兴趣爱好可以帮助企业选择与其兴趣相关的短视频平台。例如，对于喜欢旅游的目标受众，选择注重旅行内容的短视频平台可能更合适。

目标受众的消费习惯是选择短视频平台的重要参考因素之一。如果目标受众倾向于在线购物，那么选择可以在短视频中展示产品和提供购买链接的平台可能更有益于企业的营销。

2. 分析短视频平台的特点

不同的短视频平台有着不同的特点和用户群体。通过深入了解各个短视频平台的特点和用户群体，企业可以根据目标受众的需求和偏好选择合适的平台。选择与目标受众需求匹配的短视频平台，有助于企业实现精准推广、增强品牌影响力，并与用户建立更紧密的关系。

抖音是一个以短视频创作和分享为主的平台。它的特点是视频内容多样化，涵盖时尚、美妆、旅行、美食、音乐等各个领域。抖音也提供了丰富的创作工具和特效，可以帮助企业展示产品或服务，并与用户进行互动和分享。

快手以才艺展示和生活记录为主，用户群体也非常庞大。它的特点是用户创作能力强，内容包括搞笑、美食、生活技巧等。快手注重情感共鸣和用户互动，可以帮助企业与用户建立更紧密的关系。

B站是一个以动漫、游戏、二次元文化为主的平台，用户群体主要是年轻人。它具有强大的用户社群和粉丝文化，适合与目标受众针对共同兴趣进行互动。

小红书是一个以生活方式、美妆、时尚为主的社交电商平台，用户群体以年轻女性为主。企业可以通过在小红书上分享短视频，与用户建立购买者和推荐者的关系。

3. 观察竞争对手

观察竞争对手在不同短视频平台上的活跃度和表现是一种有价值的市场研究方法。通过观察竞争对手在各短视频平台的活跃度、用户互动、粉丝群体和表现效果，企业可以借鉴竞争对手的经验，并结合自身的目标受众需求，选择适合的短视频平台进行推广和营销。这样有助于企业在竞争激烈的短视频市场中获得更好的曝光和用户参与。以下是一些相关的考虑因素。

活跃度。观察竞争对手在某个短视频平台上的活跃度，包括短视频发布频率、互动量、粉丝数量等。如果竞争对手在某个平台上投入了大量资源并获得了良好的用户参与度和关注度，那么该平台可能值得企业考虑。

用户互动。观察竞争对手在不同短视频平台上的用户互动情况，包括点赞、评论、分享等。如果竞争对手在某个平台上能够与用户建立积极的互动关系，并获得了用户的积极反馈，那么该平台可能对企业也有吸引力。

粉丝群体。观察竞争对手在不同短视频平台上的粉丝群体特征，包括年龄、兴趣爱好、地域分布等。如果竞争对手在某个平台上成功吸引了与目标受众相似的粉丝群体，并与他们建立了紧密的关系，那么该平台可能也适合企业选择。

表现效果。观察竞争对手在不同短视频平台上的推广效果，包括视频播放量、转化率、品牌曝光度等。如果竞争对手在某个平台上取得了显著的市场表现和商业价值，那么该平台可能也是企业的选择之一。

4. 考虑平台用户规模和活跃度

综合考虑平台的用户规模、活跃度，企业可以选择一个具有广泛用户基础和高度互动性的短视频平台，以确保视频内容能够获得更大范围的曝光，并与用户进行更深入的互动。这有助于企业提高品牌知名度、增加用户参与度，并最终实现更好的营销效果。

选择一个用户规模庞大的短视频平台可以使企业的视频有机会被更多的用户观看到。用户规模不仅代表了潜在的曝光机会，还意味着平台有更多的潜在用户可以成为企业的客户。

选择一个活跃度高的短视频平台意味着用户在该平台上的参与度高，企业更容易引起用户的注意并与其互动。活跃度高的平台通常意味着用户更频繁地浏览、评论、分享和点赞视频，这为企业营销带来了更多的机会。用户互动不仅可以增加视频的曝光度，还可以为企业提供反馈，有助于建立用户与品牌之间的关系。

5. 进行测试和评估

一旦企业选择了合适的短视频平台，测试和评估是非常重要的一步。通过不断的测试、评估和优化，企业可以逐渐提高短视频营销的效果，并找到最适合自己的平台和策略。这样可以更好地与目标受众互动，提升品牌知名度和市场影响力。以下是一些相关的步骤和指导。

发布短视频内容。根据企业的营销目标和战略，在选定的平台上发布一些短视频。这些短视频的内容可以是产品介绍、品牌故事、用户故事、生活方式等，具体内容要针对目标受众的兴趣和需求确定。

观察指标。监测发布的短视频在平台上的表现，包括播放量、点赞数、评论数等指标。这些指标可以帮助企业了解视频的曝光情况和用户的兴趣程度。

观察用户互动和反馈。观察用户的互动和反馈，包括评论、分享、关注等。

用户互动和反馈可以帮助企业了解用户对视频内容的喜好、意见和需求，从而进行后续的优化和改进。

数据分析和评估。根据观察到的指标和用户反馈，进行数据分析和评估，判断选择的短视频平台能否达到预期的效果。如果效果符合预期，企业可以继续进行短视频营销，如果效果不理想，可以进行调整或尝试其他平台。

主流短视频平台的特点和优势分析

目前，适用于企业的主流短视频平台主要有百家号、好看视频、抖音、快手、B站、小红书等。分析主流短视频平台的特点和优势时，企业需要综合考虑平台的定位和受众特点、用户规模和活跃度、算法和推荐机制、合作与变现机会等各种因素。需要注意的是，市场和平台环境可能会发生变化，因此及时更新数据和调整分析是很重要的。

1. 百家号的特点和优势

百家号是一家内容创作平台。首先，百家号支持多媒体内容创作，用户可以以图文、视频、音频等多种形式发布内容，满足不同用户的需求和喜好，丰富了内容的呈现方式。其次，百家号涵盖广泛的内容领域，包括新闻、体育、科技、娱乐、美食、旅游等多个领域，吸引了更多不同领域的创作者和读者。第三，百家号与百度搜索引擎关联紧密，通过合理的优化和推广，用户的创作可以在百度搜索结果中获得更多曝光，提升创作者的影响力和传播效果。第四，百家号提供了丰富的数据分析工具和有力的运营支持，帮助创作者了解读者群体特征、内容表现等数据。第五，百家号为优质创作者提供了收益机制，包括广告分成、付费订阅、品牌合作等方式，为创作者提供更多获得经济回报的机会。相比其他自媒体平台，百家号的佣金分成比例相对较高，吸引了更多的创作者选择在该平台进行内容创作。第六,百家号拥有一个活跃的用户社区，自媒体作者可以在社区中与其他用户交流和互动，分享创作技巧和营销经验，共同进步。最后，百家号还定期发布各种技巧和攻略，帮助作者更好地推广自己的文章。这样的社区氛围和支持为创作者提供了更好的创作环境和发展机会。

综上所述，百家号作为一个综合性的内容创作平台，具有多样化的创作方式、广泛的覆盖领域，与百度搜索引擎相关联，还有丰富的数据分析工具和有力的运营支持，以及流量优势、丰厚的佣金分成制度和活跃的用户社区，为创作者提供了丰富的机会，激励他们创作出更优质的内容。

2. 好看视频的特点和优势

好看视频拥有海量内容和强大的推荐系统，用户可以在平台上找到各种类型的视频，包括电影、电视剧、纪录片、短视频和直播等。这种多样性的内容选择为用户提供了丰富的观看体验。同时，其推荐系统能够根据用户的观看历史和兴趣，为用户提供个性化的推荐。通过分析用户的行为和偏好，系统能够精准匹配用户的兴趣点，为其推荐更符合其口味的内容，从而提供更佳的观看体验。好看视频具备社交功能，为用户提供与其他用户互动的平台。用户可以通过评论、点赞、分享等操作与其他用户互动，形成一个充满活力的社区。这种社交设计不仅让用户享受观看视频的乐趣，还能结交志同道合的朋友，一起分享观影心得。这种社交互动的机制增强了用户的参与感和归属感，使用户更加愿意长期留在平台上，增强了用户黏性。

好看视频的技术优势突出。借助百度 AI、大数据等先进技术，平台能够实现优质内容和兴趣点人群的精准匹配，驱动精准分发。好看视频还具备资源优势，平台拥有丰富的用户数据和用户画像，可以为用户提供个性化的推荐。这意味着用户可以更精准地发现符合自己兴趣的内容，提升观看体验。好看视频还积极引入直播答题模式和类似趣头条的创作者激励机制，充分激发用户参与感，让用户和创作者都能获利。这种获利机制吸引了更多的创作者加入平台，为用户提供更多的优质内容。

3. 抖音的特点和优势

抖音的特点是视频定位于有趣、好玩、时间短。在快节奏的前提下，它为用户带来新奇又具有出色效果的视频。抖音用户位于一线城市居多，抖音平台中的特效视频更多一些。抖音的全球用户多，是一个国际化很成功的软件。

抖音的优势是产品营销效率高。抖音短视频是拥有全新流量的价值洼地、有群体参与的口碑爆发地、有行为驱动的爆款孵化器；抖音的用户转化率高，具有一定的趣味性以及用户跟随模仿的自我满足，一定程度上掩盖了“广告”本身，让品牌露出更为自然；抖音可以给品牌带来更碎片化、更具视觉化的品牌内容输出。

4. 快手的特点和优势

快手的特点是多方面的。快手广告直接出现在快手视频流中，相当于一个视频的位置，不会对受众产生干扰，因此快手的观看体验度很好，不容易让用户产生反感；快手数据管理平台积累了海量的用户数据，可以利用人工算法挖掘出用户的基本属性、兴趣爱好、用户环境等数据，以进行精准广告定向投放，进一步帮助企业找到目标用户。快手广告的投放形式多种多样，可以是小视频、静态单图、静态多图等，企业可根据自己产品的特点选择；快手平台拥有大量年轻用户，而这类人群接受新事物较为容易，且消费力强，所以在快手上投放广告更容易增加产品的曝光率和变现率，广告的转化率也是非常高的；由于起步的比较早，快手平台积累了大量的用户数据，可以精准定向到企业需要的目标人群。

从优势上看，快手的用户信任感高，带货能力强；超高日活用户可以保证企业进行品牌宣传推广时，实现有效的曝光；快手平台的用户主要是三四线城市的居民，他们非常热衷于分享自己的生活，通过真实、质朴的内容引起其他用户的共鸣。

5. B 站的特点和优势

B 站最大的特点在于它的弹幕。B 站提供三种常用弹幕模式：滚动弹幕、顶端弹幕、底端弹幕。用户可以利用弹幕来发表自己的见解、想法。B 站有很多纯科普性的视频，通过这些科普视频观众可以学到很多的知识。

B 站拥有一些技术上和文化上的优势，在这个网站上，视频的审核速度较快，并且对于用户所反映的问题，B 站反馈非常及时。B 站的最大优势在于它的长尾效应，这得益于创作者们高质量创作的深度影响力。同时，B 站的创作者粉丝忠诚度高。

6. 小红书的特点和优势

小红书聚集了众多年轻爱美女性，以及一些有影响力的年轻高净值用户和一群自带流量的明星。平台会在一定程度上给予用户和笔记流量。小红书平台互动性很强，用户可以发布视频、图片等内容，或通过评论、关注发布者等方式与他人进行交流，用户的黏性很强，互动频率很高。

小红书具有多方面的优势。首先，它能够与市场的变化保持紧密联系，不断优化其商业模式和业务。从最初的美妆和个护商品购物分享，到转型为海淘电商，再到如今的短视频和图文等流行内容创作方式，小红书始终跟上时代步伐，实现了最大的盈利。其次，小红书的用户主要是年轻人，特别是“90 后”和“00 后”。这些年轻人思想开放，容易接受新事物，消费欲望强烈。此外，小红书平台吸引了一些知名明星入驻，这些明星本身就拥有一定的粉丝基础，有利于扩大用户规模，提高了平台的知名度和美誉度。最后，小红书平台上的内容丰富多样，质量也很高。官方平台会收录和推送优质的小红书笔记，供用户参考。此外，每个视频内容等都会显示播放量，用户可以根据播放量评估内容质量。

利用社交媒体整合提升短视频推广效果

企业通过利用社交媒体整合来提升短视频推广效果，可以扩大企业在短视频平台的曝光度和影响力，吸引更多的目标受众，并促使他们参与企业的宣传推广活动。这是一项综合性的工作，要运用协同策略，整合社交媒体和做短视频推广，从而实现双重的营销效果，提升品牌曝光度和用户参与度，并取得更好的营销结果。

1. 双重效果：社交媒体整合与短视频推广

社交媒体整合和短视频推广是一种综合性的营销策略。通过将社交媒体与短视频平台有机地结合在一起，企业可以实现双重的营销效果。这种整合能够促进品牌曝光、吸引目标受众、提高用户参与度，并最终增加销售和业绩。

社交媒体整合是指将社交媒体平台作为推广短视频的渠道和工具，以扩大短视频的曝光范围。通过在社交媒体上建立专业的账号，分享短视频内容，并与用户互动，品牌可以与潜在客户建立更紧密的联系。社交媒体平台如微信公众号、微博、抖音、知乎、小红书等拥有庞大的用户基础，利用这些平台的广告服务、用户互动和分享功能，企业可以扩大知名度和影响力。

短视频推广则以短视频平台为核心，通过制作有吸引力的短视频内容来吸引用户。短视频在当今社交媒体中越来越受欢迎，用户喜欢观看短小精悍的视频。主流短视频平台如抖音、快手、百家号、小红书、B 站等提供了一个展示和分享短视频的场所。通过优化短视频的内容、格式和创意，以及添加恰当的关键字和标签，可以增加视频被发现和推荐的机会。

2. 协同策略：社交媒体与短视频的有机结合

实现双重营销效果的关键在于将社交媒体整合和短视频推广紧密结合起来，形成协同的营销策略。通过协同策略，社交媒体整合和短视频推广可以相互促进，增强品牌曝光度、用户参与度和传播效果。以下是一些具体的方法和策略。

为了发挥协同的力量，企业要确保在不同的社交媒体平台上保持一致的品牌形象。无论是短视频还是其他社交媒体内容，都应该传达相同的品牌价值观、风格，以建立统一的品牌形象。同时，要在不同的社交媒体平台上互相宣传，引导用户跨平台参与，也要在短视频的描述或相关文案中添加企业在其他社交媒体平台的链接，以便用户能够获取更多信息或参与互动。此外，企业在短视频推广的同时，要利用社交媒体广告来增加短视频的曝光度，触达更多目标受众，从而吸引用户点击观看完整的短视频或互动。

利用社交媒体广告推广短视频的方法

利用社交媒体广告推广短视频是一种有效的营销方法。为此，本节将探讨以下两个议题：目标受众定位和广告创意、广告平台选择和定位设置，以帮助企业更有效地利用社交媒体广告推广短视频，实现提升品牌曝光度、增加转化率和提高销售业绩的目标，如图 6-2 所示。

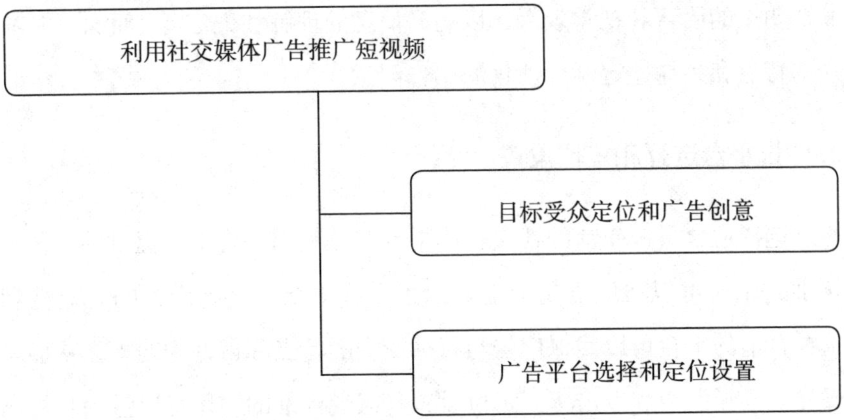

图6-2　利用社交媒体推广短视频

1. 目标受众定位和广告创意

目标受众定位和广告创意是推广短视频广告的关键要素。通过深入了解目标受众，并根据其特点和需求制作具有吸引力和共鸣性的短视频广告创意，企业可以增加广告的关注度和转化率。定位广告的目标受众并创造与他们产生情感共鸣的创意，有助于目标受众建立对品牌的认知并被吸引，从而促使目标受众采取进一步的行动，如访问网站、购买产品或与品牌互动。

具体来说，在目标受众定位方面，要进行市场研究和数据分析，以了解目标受众的特征、兴趣和行为习惯，包括年龄、性别、地理位置、职业、兴趣爱好等方面的信息。企业可以利用社交媒体平台提供的人口统计信息和行为分析工具，深入了解目标受众的特点和偏好。这些工具可以提供关于用户兴趣、浏览习惯、互动行为等方面的数据洞察，有助于更精确地投放广告。

在广告创意方面，短视频广告的创意应该能够迅速引起目标受众的注意，使用视觉效果、音效、人物故事或幽默元素等方式，以吸引观众的眼球。同时，创意应该与目标受众产生情感共鸣，触发他们的情感反应，从而建立对品牌的认知和情感联系。由于短视频广告的时长有限，创意应该能够在短时间内传递核心信息。确保广告表达清晰、简洁，并重点突出产品或服务的关键特点和价值主张。

使用简洁明了的语言和视觉效果，以提高信息的理解和记忆度。此外，应根据目标受众的特点和兴趣，定制个性化的广告创意。

2. 广告平台选择和定位设置

通过选择适合目标受众的社交媒体平台，并利用广告平台提供的定位设置和兴趣标准，企业可以将广告精准地展示给目标受众，提高广告的有效性和转化率。选择合适的平台可以确保广告与目标受众的特点和偏好相匹配，从而增加广告的曝光度、吸引力和点击率。定位设置和兴趣标准的使用可以进一步提高广告的精准性，确保广告只出现在与产品或服务相关的用户群体面前，提高广告的效果和回报率。

不同的平台有不同的用户群体和特点，在选择平台后，利用广告平台提供的定位和兴趣标准，将广告定向投放到符合目标受众特征和兴趣的用户群体，以提高广告的精准性和转化率。

广告平台提供了定位设置和兴趣标准，以帮助企业将广告精准地定向到目标受众。这些设置包括年龄、性别、地理位置、兴趣爱好、职业等。根据目标受众的特征和行为，选择适当的定位设置，并利用兴趣标准将广告展示给与产品或服务相关的用户群体。广告平台还提供了类似受众的定向功能，即根据已有用户的特征和行为，找到类似的潜在受众进行广告展示。这种定向方法有助于扩大目标受众范围，并寻找到更多潜在的潜在客户。

与关键意见领袖合作推广短视频的策略

某公司为了将明星的影响力转化为产品的营销力，与众多明星合作，拍摄了宣传视频，并在抖音上发布了独家花絮。与这些明星的合作吸引了大量用户的关注和传播。通过与明星的合作，公司成功地利用了明星的影响力来推广产品。明星的知名度和粉丝基础为产品的宣传带来了更广泛的曝光量和传播力度。在抖音等社交媒体平台上发布的独家花絮进一步增加了用户的兴趣和互动热情，提高了产品的知名度和营销效果。

与关键意见领袖（KOL）合作推广短视频是一种有效的营销策略。通过与 KOL 合作推广短视频，企业可以借助 KOL 的影响力和粉丝基础，有效地传播品牌信息，增加曝光和关注度。这种策略能够帮助品牌与目标受众建立信任和连接，提高品牌知名度和销售业绩。具体需要采取以下策略，如图 6-3 所示。

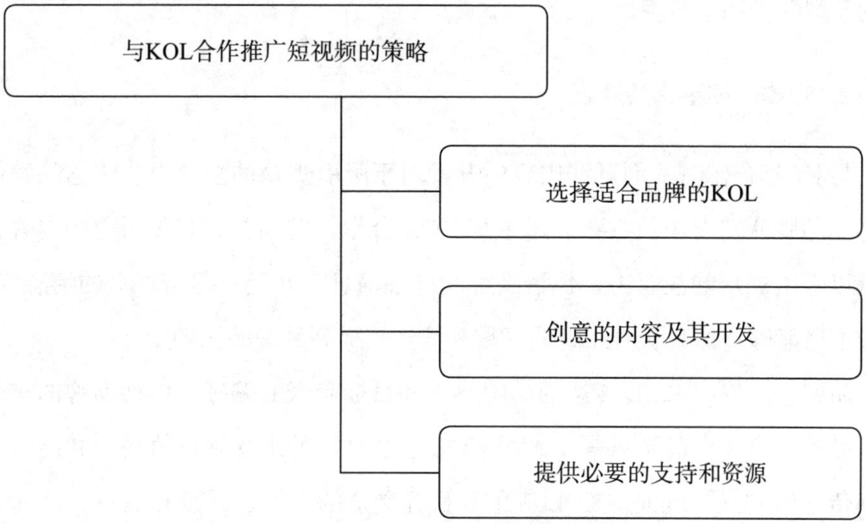

图6-3　与KOL合作推广短视频的策略

1. 选择适合品牌的 KOL

KOL 能够与目标受众建立真实的联结和信任。通过仔细选择适合品牌的 KOL 合作伙伴，企业可以最大限度地利用 KOL 的影响力和受众基础，实现更广泛和有针对性的产品推广。这种合作能够帮助企业增加品牌认知度、扩大受众群体，并与目标受众建立更紧密的关系。

企业首先应仔细研究和了解 KOL 的受众群体。这包括他们的年龄、性别、地理位置、兴趣爱好等。确保 KOL 的受众群体与品牌的目标受众相符，这样才能确保品牌信息能够被准确传达给合适的受众群体。同时，通过观察 KOL 的社交媒体追随者数量、互动率和粉丝忠诚度等指标，可以评估 KOL 的影响力。此外，企业要对 KOL 的声誉进行背景调查，了解他们的专业能力和道德价值观，确保 KOL 的形象与品牌形象一致。

了解 KOL 与其受众的互动方式也是重要的。观察他们的社交媒体平台上的互动程度、观众评论和分享数量等指标，可以了解他们如何与受众进行有效的沟通。品牌应与那些能够与受众建立积极互动并引起共鸣的 KOL 合作，以获得更好的品牌曝光和参与度。

2. 创意的内容及其开发

与 KOL 合作时，创意和内容的开发对于吸引观众的注意力、传达品牌信息和建立品牌认知度至关重要。通过与 KOL 合作开发创意和有吸引力的内容，品牌可以吸引观众的注意力，传达品牌的核心信息，并建立起与观众的情感联结。这种策略能够增加观众对品牌的兴趣和信任，提高品牌的认知度。

品牌应明确向 KOL 传达的品牌要求和目标受众的偏好，包括品牌的核心信息、品牌故事、产品特点等。确保 KOL 了解品牌的理念和价值观，并能够将其准确传达给观众。同时，KOL 应了解目标受众的喜好、需求和痛点，从而能够创作出与他们产生共鸣的内容。

短视频需要在短时间内吸引观众的注意力。因此，KOL 可以在视频开头使用引人注目的元素，例如有趣的开场、令人好奇的问题或精彩的画面。创造紧凑、有趣的内容，以引发观众的兴趣，让他们愿意继续观看和了解品牌。

短视频中应突出品牌的核心信息。KOL 可以直接演示产品特点、讲述产品的用途和优势，或分享与产品相关的个人经验。这种方式可以帮助观众更好地了解产品，并激发他们对产品的兴趣和信任。确保品牌的核心信息以清晰、简洁，并易于理解和吸收的方式呈现给观众。

故事性和情感联结在短视频中非常重要。KOL 通过讲述故事、分享个人经验或展示产品在真实场景中的应用来创造情感联结。这些元素可以让观众更好地理解产品的用途和价值，并与品牌建立更深层次的联系。

3. 提供必要的支持和资源

企业为 KOL 提供必要的支持和资源对于合作的顺利进行至关重要。通过为 KOL 提供充足的信息、产品样本和支持资源，品牌可以帮助他们更好地了解和传达品牌的核心价值观，确保视频内容准确、实用和具有吸引力。这样的支持有助于确保合作的顺利进行，并为品牌推广带来更好的效果。

首先，品牌可以向 KOL 提供产品样本，让他们亲自体验并在视频中展示产品的特点和优势。这样可以让 KOL 更深入地了解产品，并能够提供真实的使用体验和个人见解。产品样本的提供可以增加视频的可信度和吸引力，并让观众更好地了解产品的功能和效果。

其次，品牌可以向 KOL 提供品牌的相关资料或专业知识，以便他们能够更好地了解品牌的核心价值观和故事。这包括品牌的历史、使命和愿景，以及产品的独特之处和创新之处。通过提供这些信息，品牌可以确保 KOL 在视频中准确地传达品牌的理念，并帮助观众更好地理解和认知品牌。

再次，品牌可以与 KOL 合作共同开发创意和内容。通过与 KOL 进行密切的沟通和合作，品牌可以为他们提供创意灵感、建议和指导。这可以确保视频内容与品牌的要求和目标受众的偏好相符，并能够有效地传达品牌信息。

最后，品牌可以提供技术支持和后期制作资源，帮助 KOL 在视频制作过程中解决问题并提升视频质量，包括提供视频拍摄设备、后期制作工具和专业团队的支持等。通过提供这些支持，品牌可以确保视频的制作质量和效果。

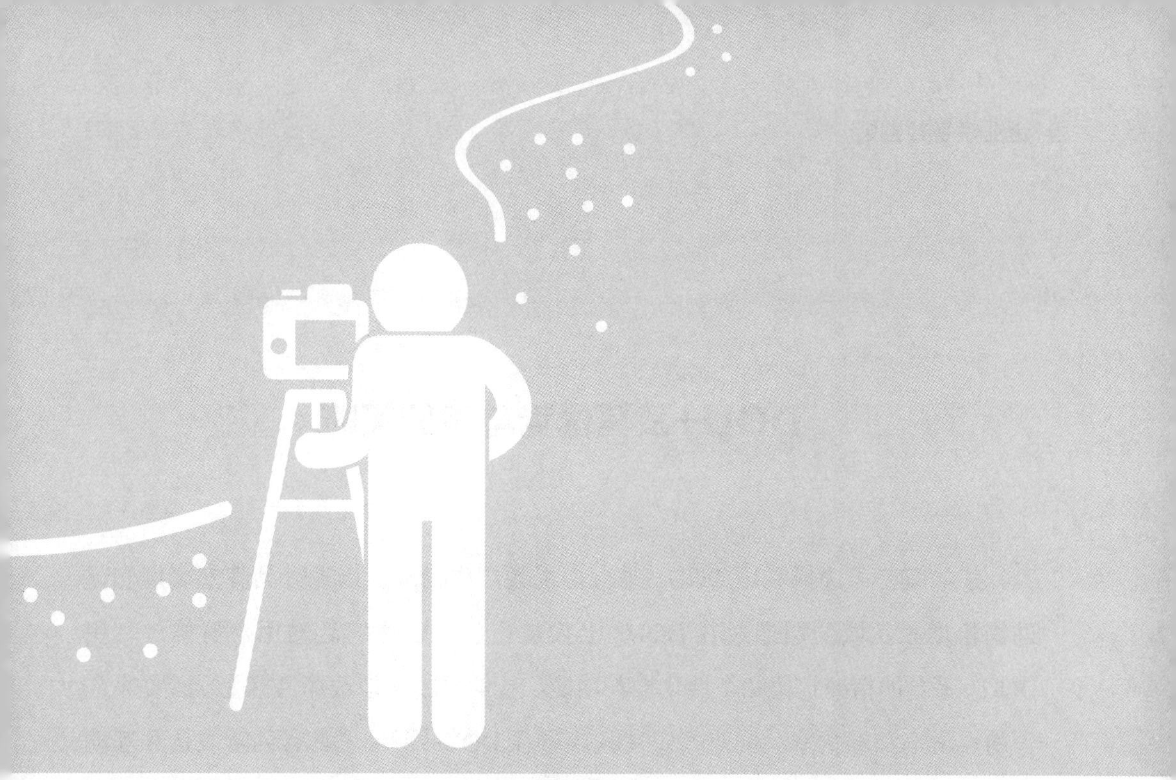

第七章 精准投放和数据分析优化

短视频广告的成功需要精准投放和数据分析优化。精准投放能够将视频有效地传递给目标受众，提高触达和转化效果。同时，数据分析可以帮助品牌了解观众反应和喜好，优化短视频内容和投放方式，提高吸引力和广告效果，从而提升短视频的推广效果，增加观众参与度和品牌认知度。

DOU+及其优势与投放策略

某电商公司选择利用 DOU+ 进行短视频广告投放，以提升品牌知名度和促进销售增长。该公司通过在 DOU+ 上投放广告，触达广泛的用户群体，利用 DOU+ 平台的精准定位和个性化推荐功能，能够更精准地选择目标受众，提高广告的点击率和转化率。同时，短视频广告在 DOU+ 平台上具有创意表达和互动性强的特点，通过生动有趣的方式展示产品或品牌形象，利用丰富的创意工具和互动形式，吸引用户的注意力。该公司在投放广告时明确定义广告目标和受众，制定创意策略，进行数据监测和优化，以及整合营销策略，与其他营销渠道进行联动等方式方法，增加了产品销量。

实践证明，通过充分利用 DOU+ 平台的优势和制定合适的广告投放策略，可以实现广告目标，提升品牌知名度，取得良好的广告效果。这些操作将有助于其他企业的 DOU+ 短视频投放操作。

1. 了解 DOU+ 及其优势

DOU+ 是抖音内容加热和营销推广工具。企业付费投放后，可以让系统把视频推荐给更多的人，增加播放量。通过 DOU+ 短视频广告投放，企业能够有效地提升品牌知名度，增加产品销量，并与用户建立更紧密的互动关系。

首先，DOU+ 具有广泛的广告覆盖面。DOU+ 拥有大量的用户群体和高活跃度，而且，DOU+ 系统会智能匹配可能对该视频感兴趣的用户。通过在该平台上投放广告，企业能够触达广泛的用户群体，提高品牌的曝光度和知名度。

其次，DOU+ 具备精准定位和个性化推荐的能力。DOU+ 的自定义定向投放系统能够对用户进行精准的定位，了解用户的兴趣和喜好，并根据这些信息向用户推荐相关的短视频内容和广告，可以最大限度发挥 DOU+ 效果。这使企业在投放广告时能够更精准地选择目标受众，提高广告的点击率和转化率。

此外，DOU+ 还具有创意表达和互动性强的特点。短视频广告具有形式多样、时长短的特点，企业可以通过生动有趣的方式展示产品或品牌形象。DOU+ 能将视频投放给账号标签相似的达人粉丝，使广告更具吸引力和互动性，能够更好地吸引用户的注意力，并增加用户与品牌的互动。

2. 采取 DOU+ 广告投放策略

DOU+ 广告投放策略包括定义广告目标和受众、制定创意策略、数据监测和优化，以及整合营销策略。通过有效执行这些策略，企业可以在 DOU+ 平台上取得更好的广告效果，提升品牌知名度，增加产品销量，并与其他营销渠道形成良好的协同效应。

首先，定义广告目标和受众。企业应明确广告的目标，例如提升品牌知名度或增加产品销量，并对受众进行细分和定位。了解目标受众的兴趣、购买习惯等信息有助于调整广告内容和形式，以更好地吸引他们的关注。

其次，制定创意策略。在 DOU+ 平台上，创意是吸引用户的关键。企业应根据产品特点和目标受众的喜好，设计富有创意和互动性的广告内容。可以利用滤镜、特效、音乐等元素来增加广告的趣味性和吸引力，从而引起用户的兴趣。

再次，进行数据监测和优化。企业需要密切监测广告效果和用户反馈数据。DOU+ 平台提供了好用的数据分析工具，可以帮助企业了解广告的曝光量、点击率、转化率等指标。根据数据分析结果，企业可以及时进行优化调整，例如调整广告投放时段、频次和地域，以提高广告的效果和投资回报率（ROI）。

最后，整合营销策略。DOU+ 广告投放可以与其他营销渠道进行整合。例如，企业与电商平台合作，通过点击广告直接引流到产品页面，促进购买转化；

或者与社交媒体平台结合，增加用户互动和口碑传播。通过整合不同渠道的营销策略，企业可以提升广告的影响力和效果，实现更好的营销效果。

短视频广告定向投放与精准投放

美图秀秀利用快手平台的信息流广告成功触达了更多目标受众，提高了品牌知名度和影响力。为了吸引目标受众的注意力并提高点击率和转化率，美图秀秀采用了吸引人的图片和视频素材，并进行了定制化的落地页设计。这样的策略使得广告更具吸引力，能够引起目标受众的兴趣和共鸣，从而提高了点击率和转化率。

感冒药产品 999 感冒灵通过《健康本该如此》这支短视频，展现了现代年轻人担忧的问题，如熬夜脱发、油腻、肥胖、早衰，以及通过健康行为来表达年轻人对身体和精神健康的担忧和焦虑。通过情感和价值观的融入，这支短片在消费者心中建立了一个有温度的品牌形象，传递了温暖和关爱的信息。这样的广告策略使 999 感冒灵在消费者心中建立了积极的品牌形象，获得了非同寻常的效果。

短视频广告的投放，需要针对不同的目标受众，并通过定制化的投放策略来提高广告点击率和转化率，从而更好地实现广告投放的目标。从美图秀秀和 999 感冒灵的案例中可以看到，短视频广告的定向投放和精准投放在提高广告效果方面发挥了重要作用。

1. 定向投放：使广告精准触达目标受众群体

定向投放旨在将广告针对特定的受众群体进行筛选和投放，根据他们的特征、兴趣和行为习惯来实现精准触达。这种策略能够确保广告被更多潜在用户看到，提高品牌的知名度和影响力。美图秀秀利用快手平台的信息流广告，分析快手用户的特征和行为，将广告投放给与其目标受众相匹配的用户群体。

定向投放的优势在于它能够将有限的广告资源投放到真正感兴趣的潜在用户中，提高广告的效果和回报。相比传统的广告投放方式，定向投放能够更加精确地锁定目标受众，并根据他们的特征和兴趣来设计定制化的广告内容和落地页。这种个性化投放能够更好地引起目标受众的兴趣和共鸣，提高广告的点击率和转化率。

通过定向投放，品牌还能够更好地实现广告投放的目标。例如，美图秀秀通过定向投放成功地提高了品牌的知名度和影响力。将广告展示给与其目标受众相匹配的用户群体，能够确保广告达到更好的曝光效果。此外，定向投放还可以帮助品牌更好地了解目标受众的需求和偏好，为产品和服务的改进提供有价值的反馈。

2. 精准投放：情感共鸣引发目标受众的积极响应

精准投放是在定向投放的基础上，通过根据受众的个体特征和行为习惯进行更精确的筛选和投放，以达到更优的广告效果和更多的回报。999 感冒灵通过短视频广告巧妙地展示了现代年轻人担忧的问题，并针对年轻人对身体和精神健康的担忧和焦虑进行情感共鸣。通过这种精准投放的策略，他们成功地触达了目标受众，并在消费者心中建立了有温度的品牌形象。

精准投放的优势在于它能够通过针对目标受众的个体特征和行为习惯来设计定制化的广告内容，从而提高广告的点击率和转化率。通过了解目标受众的需求、痛点和情感，品牌能够用更贴近受众心理的方式与他们进行沟通，建立起情感联结。这种情感共鸣能够激发目标受众的兴趣和好奇心，促使他们更积极地与广告互动，从而提高广告的效果。

精准投放还能够帮助品牌在目标受众心中建立积极的品牌形象。通过精准触达和情感共鸣，品牌能够给消费者留下关心和关怀的印象，增强消费者对品牌的认知度和好感度。这种积极的品牌形象有助于消费者建立对品牌的信任和忠诚度，进而提高品牌的市场份额和竞争优势。

短视频广告投放效果的A/B测试

某电子产品公司制造和销售智能手表，并计划通过短视频广告来推广其最新款产品。他们希望通过 A/B 测试来评估广告变体（注：广告变体是指在广告活动中使用多种不同的版本或变体，以测试和比较它们的效果）对于点击率的影响，以增加潜在客户对产品的兴趣。为此，该公司设计了两个不同的广告变体，A 组和 B 组。A 组的广告变体是一个 15 秒的短视频，突出展示手表的智能功能和时尚外观。B 组的广告变体是一个 30 秒的短视频，除了展示产品，还突出了用户的使用场景和体验。在广告投放期间，该公司收集了两组广告变体的点击率数据，使用统计分析方法对数据进行比较，以确定哪个变体在点击率方面表现更好。

通过对 A/B 测试结果的解读，公司发现 B 组的广告变体在点击率方面表现更好。进一步分析显示，B 组的广告更能吸引观众的注意力，因为它提供了产品的实际应用场景和用户体验，使观众更容易产生共鸣和兴趣。基于 A/B 测试的结果，该电子产品公司决定优化广告投放策略，选择 B 组的广告变体进行更多的投放，并进一步探索其他因素，如广告的定位、呈现方式和文案，以进一步优化广告效果。

通过这个例子我们可以看到，短视频广告投放效果的 A/B 测试对评估不同广告变体的效果非常有帮助。它可以帮助企业了解哪种广告策略更能吸引观众的注意力，从而更好地推广产品和品牌。

A/B 测试是一种广泛应用于市场营销和产品优化领域的实验方法，用于比较两个或多个变体的效果，以确定哪个广告变体在某个目标指标上表现更好。短视频广告投放中，A/B 测试可以帮助企业评估不同广告版本、不同策略或变量对广告效果的影响，从而做出更准确的决策。

对短视频广告投放的效果进行 A/B 测试是一种常用的广告优化方法，可以帮助企业评估不同广告版本的效果，并确定最佳的广告配置。从操作层面来看，具体的环节应该涵盖目标设定、选择变量、分组和投放、数据收集和分析、结果评估以及优化和再测试等关键步骤，如图 7-1 所示。企业应全面了解短视频广告投放的 A/B 测试步骤，并落实到实际应用中，以优化广告效果和达到预期的广告目标。

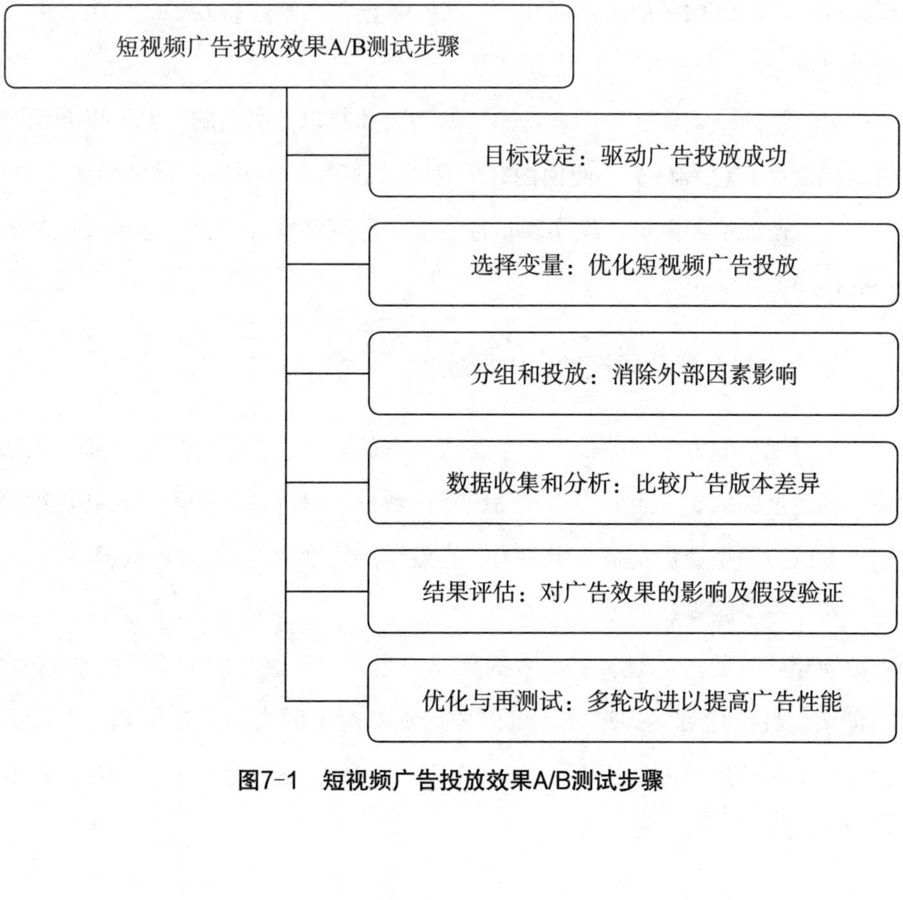

图7-1　短视频广告投放效果A/B测试步骤

1. 目标设定：驱动广告投放成功

目标设定是短视频广告投放中不可或缺的一步，它为广告活动的成功提供了方向和依据。

首先，明确的目标设定可以指导广告策略的制定。企业根据品牌需求和广告活动性质，确定目标是提高点击率、提高转化率还是增加品牌知名度。这有助于团队明确广告投放的重点和战略方向，从而更有效地规划广告内容和选择平台。

其次，确切的目标设定提供了衡量广告效果的标准。通过将目标具体化和可衡量化，可以为后续的测试和评估提供依据。例如，设定具体的点击率或转化率目标，可以在广告投放期间监测和比较实际数据，判断广告效果的优劣，并及时调整投放策略。

最后，目标设定还有助于激发团队的动力和共识。明确的目标可以激发团队成员的积极性和合作精神，使他们在广告投放过程中有明确的目标导向。同时，目标的设定还促使团队成员就实现目标的方法和策略展开讨论，达成共识并形成统一的行动计划。

2. 选择变量：优化短视频广告投放

通过对视频内容、视频长度、字幕或文本的使用、背景音乐以及剪辑风格等这些关键变量的测试，企业可以获得宝贵的数据，以优化广告投放策略。这些测试结果可以帮助企业确定最具吸引力和有效性的短视频元素组合，提高广告的触达率、转化率和品牌认知度。

短视频广告的内容是吸引观众的重要因素之一。通过测试不同的视频内容，包括创意、故事性和表现形式，可以评估观众对不同内容的反应和参与度。例如，可以尝试使用不同的故事情节、角色形象或情感表达，以吸引和抓住观众的注意力。

视频长度也是一个需要测试的重要变量。通过制作不同长度的短视频，可以观察观众的观看时间和转化率之间的关系。有时，较短的视频更具吸引力和易于消化，但对于某些品牌或产品来说，较长的视频更能传递足够的信息和情感。

字幕或文本的使用是可以进行测试的因素之一。添加字幕或文本可以帮助观众更好地理解广告内容，尤其是在没有声音或观众静音观看时。通过测试使用或不使用字幕，或者不同字幕设计的效果，可以评估观众对字幕的接受程度和对广告信息的理解程度。

背景音乐在短视频广告中起着营造情感氛围的重要作用。通过尝试不同类型的音乐或音效，可以评估观众对不同音乐风格的喜好程度和不同音乐风格与品牌形象的契合度。音乐的选择应与广告内容和目标受众的偏好相匹配，以提高广告对受众的吸引力和情感共鸣。

剪辑风格也是一个可以进行测试的变量。不同的剪辑风格，如跳跃剪辑、流畅剪辑或慢放效果，可以影响观众对广告的体验和情感反应。通过测试不同的剪辑风格，可以了解观众对不同风格的喜好和对广告信息的记忆程度。

3. 分组和投放：消除外部因素影响

在进行短视频广告投放时，分组和投放是一项重要的步骤，它旨在消除外部因素对广告效果的影响。将观众随机分成多个组，并向每个组展示不同版本的广告，可以评估不同广告版本之间的差异，并确定最佳的投放策略。

首先，进行有效的分组和投放的关键是确保各组的观众分布具有相似的特征。这意味着在随机分组时，应考虑观众的关键特征，如年龄、性别、地理位置、兴趣偏好等。这可以减少外部因素对广告效果的影响，使比较结果更具可靠性。例如，将广告版本 A 仅展示给年轻受众，而广告版本 B 仅展示给年长受众，那么无法准确评估广告版本的效果，因为年龄差异可能对结果产生影响。

其次，通过将观众分成多个组，并向每个组展示不同版本的广告，可以比较不同广告版本之间的效果差异。这种分组和投放策略可以帮助企业确定哪个广告版本在吸引观众、提高转化率或增加品牌认知方面表现最佳。通过在各组之间比较广告效果指标，如点击率、转化率、观看时长等，可以确定最佳的广告版本，并进一步优化广告投放策略。

再次，随机分组是确保比较结果可靠性的关键步骤。通过随机分组，可以减少因个体差异或其他未知因素对结果产生的偏差。随机分组可以保证每个观众有相同的机会进入不同组，从而减少比较结果的偏倚。这样做有助于确保评估不同广告版本之间的差异是由广告本身而不是其他因素引起的。

最后，进行分组和投放时，还应注意控制其他可能干扰结果的因素。这可能包括时间因素（例如，确保广告在相同时间段内投放）和环境因素（例如，确保观众观看广告的设备和环境一致）。通过控制这些因素，可以更加准确地比较不同广告版本之间的效果差异，从而得出有效的结论。

4. 数据收集和分析：比较广告版本差异

数据收集和分析是评估短视频广告效果和优化投放策略的关键步骤。通过收集关键指标的数据，如点击率、转化率、观看时长等，可以比较不同版本的广告在这些指标上的表现差异。为了确保数据的可靠性，测试时间也需要足够长。

为了比较不同广告版本的表现差异，统计分析方法必不可少。对数据进行统计处理和分析可以揭示不同广告版本之间的差异是否具有统计学意义。例如，使用假设检验方法，可以确定不同广告版本在关键指标上的表现是否存在明显差异。这样的分析可以帮助决策者判断哪个广告版本在吸引观众、提高转化率或延长观看时长方面表现更好。

在进行数据收集和分析时，测试时间的选择也是至关重要的。为了获得可靠的数据，测试时间需要足够长，以充分考虑潜在的变化和趋势。短期的测试可能无法捕捉广告效果的真实变化，而长期的测试可以更好地反映广告在不同时间段的表现。因此，在设计测试计划时，应尽量平衡测试时间的长短，以确保数据的可靠性和准确性。

此外，数据收集和分析过程中的数据质量也需要特别关注。确保数据的准确性和完整性对于得出可靠的结论至关重要。这可能需要采用适当的技术手段和工具来确保数据的正确采集和储存，并进行数据清洗和校验以消除潜在的错误或异常值。

5. 结果评估：对广告效果的影响及假设验证

短视频广告投放的结果评估是在数据分析的基础上，根据不同测试变量对广告效果的影响进行评估的过程。对数据深入分析的结果可以确定哪个版本的广告在目标设定方面的表现最佳。

在结果评估过程中，确定哪个版本的广告在目标设定方面表现最佳是一个重要的目标。根据数据分析的结果，企业可以比较不同广告版本在关键指标上的表现差异，并确定哪个版本在吸引观众、提高转化率或增加品牌认知度等目标方面表现最佳。这种评估可以帮助决策者确定最佳的广告版本，并进一步优化投放策略。

6. 优化与再测试：多轮改进以提高广告效果

基于评估结果，短视频广告投放要进行优化和再测试，目的是优化最佳广告版本，并设计新的测试来进一步改进广告效果。需要强调的是，这个过程可以进行多轮，以逐步提高广告的性能和效果。

优化过程没有终止。基于评估结果，决策者可以针对最佳广告版本进行优化，以进一步提高广告的性能。这可能涉及调整广告内容、改善视觉效果、优化文案、增加互动元素等。这些优化措施可以使广告更具吸引力，更好地吸引目标受众的注意力。

为了验证优化措施的效果，设计新的测试是必不可少的。新的测试可以包括引入新的测试变量，例如不同的呈现方式、不同的目标受众定位或不同的广告素材。测试这些新的变量可以评估它们对广告效果的影响。这些测试可以采用 A/B 测试或多变量测试的形式，以便更准确地比较不同变量产生的效果差异。

根据数据优化短视频内容和投放方式

C 公司是一家专注于视频内容创作和分发的技术公司，该公司与一家健身品牌 D 公司合作，通过收集用户数据并进行分析，为 D 公司提供了优化短视频内容和投放方式的建议。根据分析数据，他们发现 D 公司的目标受众是年轻人，喜欢短视频内容。因此，C 公司建议 D 公司制作一系列有趣、易于理解和实用的短视频，涵盖健身锻炼、饮食和健康生活等主题。同时，还建议在社交媒体平台上投放广告，特别是在年轻人常去的平台上。通过持续监测和评估广告活动的效果，C 公司不断调整和优化短视频内容和投放策略，以提高受众参与度和产品销售量。通过与 C 公司的合作，D 公司的短视频广告在社交媒体上获得了广泛的关注和分享，增加了品牌知名度和产品销售量。

短视频运营的关键在于持续产出爆款内容，通过分析核心数据如完播率、平均播放时长、互动率和吸粉率等来优化短视频内容，如图 7-2 所示。低指标需要认真分析，找出成功视频的共同特点，结合观众反馈调整后续视频。这样的数据分析可以有效支持企业短视频账号运营的成功和持续发展，在竞争激烈的短视频市场中脱颖而出。

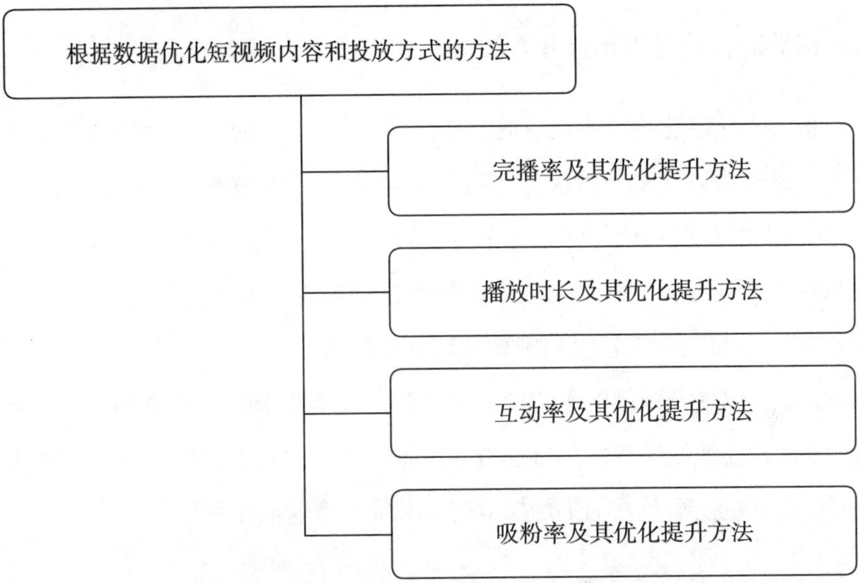

图7-2　根据数据优化短视频内容和投放方式的方法

1. 完播率及其优化提升方法

完播率是短视频广告投放中非常核心和重要的指标，可以在私信的商家服务通知或抖音创作者服务平台的作品数据中查看。保持短视频的完播率均值在30%以上被认为是较好的指标，这有助于增加视频的播放量，并被平台推向更大的流量池。

要提升短视频的完播率，首先，避免在内容中使用大量废话。其次，尽量将视频时长控制在15～40秒。如果你制作的是科普类或知识分享类视频，可以尝试制作一分钟以上的长视频，并在发布时选择相关的标签，以精准的吸引观众。最后，巧妙地利用热门背景音乐、当下的热门梗或热点事件等方式，吸引用户停留并提升短视频的数据表现。

总之，通过减少废话、控制时长、选择适当的标签和利用热门元素，可以有效提高短视频的完播率，进而增加用户的停留时间，为企业的短视频创作带来更好的效果。

2. 播放时长及其优化提升方法

企业在进行短视频广告投放时，作品平均播放时长是一个重要的数据指标。商家企业账号可以在私信的商家服务通知或作品分析中查看，而非商家企业账号可以在 PC 端的抖音创作者服务平台查看。对于发布时长在 15 ～ 40 秒的短视频，平均播放时长在 7 秒以上被认为是较好的数据。如果是一分钟以上的长视频，平均播放时长在 15 秒以上则算是较好的数据。

那么，如何提升视频的平均播放时长呢？关键在于前 3 秒的开场。开场要吸引观众眼球，让他们期待并坚持观看完整条视频。此外，添加反转、制造悬念等技巧可以提升短视频数据的平均播放时长和完播率这两个指标。

3. 互动率及其优化提升方法

互动率是企业在进行短视频广告投放时的一个重要的指标，可以在企业号 PC 端的短视频管理中查看。互动率包括点赞量、评论量和转发量这三个数值。计算公式是：点赞量 ÷ 视频播放量 100%，评论量 ÷ 视频播放量 100%，转发量 ÷ 视频播放量 ×100%。较好的短视频数据应该是点赞率达到 3% 以上、评论率 1% 以上、转发率 0.5% 以上。

用户对短视频产生不同的行为动机，就需要考虑提升互动率的各项短视频数据。对于点赞，如果运营者短视频内容情节有趣，表达的观点能够得到用户认同并产生共鸣，用户的点赞量自然会增加。对于评论，只有当用户强烈认同或产生共鸣感，或者视频内容存在争议时，用户才会表达自己的想法，给短视频进行评论。运营者也可以在短视频中引导用户进行评论留言，如在内容中提出问题，鼓励用户在评论区留言，一起探讨。对于转发，当用户觉得视频内容非常搞笑有趣，或者分享的内容非常有价值时，他们会愿意将其转发分享。

4. 吸粉率及其优化提升方法

计算短视频的吸粉率需要使用公式，即（视频吸粉量 ÷ 视频播放量）× 100%。较好的数据应该是吸粉率在 1% 以上。

要提高吸粉率，关键在于保持视频发布的频次和创意的生产，并打造有趣又有用的内容，这样才能吸引更多的用户关注并成为粉丝。

通过分析短视频的吸粉量数据，不断提升和优化制作更多高数据的爆款短视频，有助于企业实现短视频账号的快速变现效果，并提供更多专业知识内容给观众。

利用用户反馈和数据分析持续优化短视频推广

CoCo 奶茶曾推出一个介绍 CoCo 奶茶隐藏配方的短视频，获得了 20 多万点赞量。CoCo 奶茶立即采取了积极的响应措施，将网红款奶茶作为一个单独的 SKU，设置在外卖点单的目录上，这样顾客在线下门店购买时，也会被询问是否需要短视频中介绍的同款奶茶。CoCo 奶茶还利用数据分析工具来跟踪短视频推广的效果，评估其对销量的影响，并在此基础上采取了进一步的优化推广策略。通过引发用户参与和积极回应用户反馈、优化产品策略、持续改进推广策略等措施，CoCo 奶茶不仅提升了销售业绩，还增强了品牌影响力。这个案例有效展示了企业如何利用用户反馈和数据分析持续优化短视频的推广策略。

用户反馈是宝贵的资源，通过分析用户反馈，企业可以了解观众对于短视频的喜好、关注点和不足之处。这有助于企业精确把握观众的需求，进而针对性地进行优化。数据分析是优化短视频推广的重要工具。通过短视频平台提供的数据统计功能，可以获得关键指标，如播放量、互动率、观看时长等。这些数据能够揭示短视频的表现和用户行为，帮助企业了解哪些内容受到欢迎，哪些需要改进。具体来说，可以采取两种方法：利用用户反馈持续优化短视频推广和利用数据分析持续优化短视频推广，如图 7-3 所示。

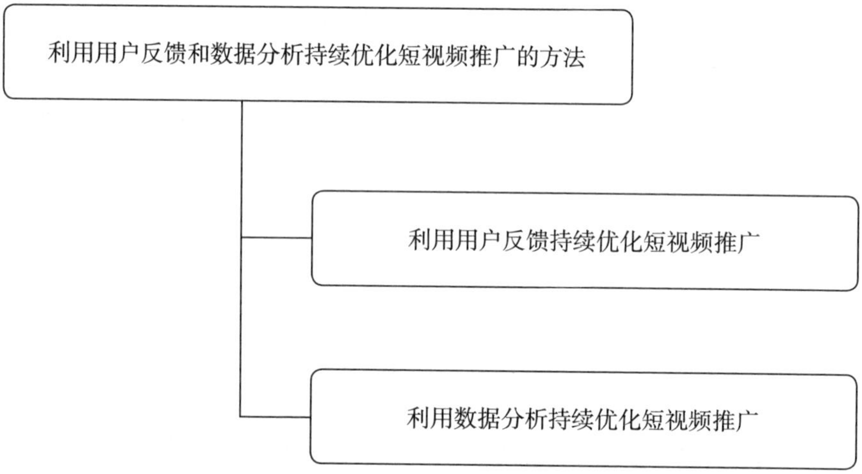

图7-3　利用用户反馈和数据分析持续优化短视频推广的方法

1. 利用用户反馈持续优化短视频推广

利用用户反馈持续优化短视频推广的关键在于善于倾听并及时采取行动，这为企业的短视频推广带来持续的改进意见。通过利用用户反馈进行持续优化，企业能够更好地理解观众的需求，改进短视频的内容和推广策略，提高广告效果和用户体验。

为了持续优化短视频推广，企业首先需要积极主动地收集用户反馈。无论是通过评论、私信还是其他形式，这是可以通过鼓励观众提供反馈来实现的。为了方便用户与企业沟通，企业提供多种反馈渠道，还可以通过投票、问卷调查等方式主动征求观众意见。一旦收集到用户的反馈，企业就需要仔细阅读和分析，关注观众提到的关键词、常见问题或痛点，并将反馈进行归类整理，以更好地理解观众的需求和期望。

通过分析用户反馈，企业可以识别出短视频推广中存在的问题和改进的机会，包括内容质量、主题选择、推广渠道等方面。重点关注被多个用户提及的问题，这些问题可能是潜在的优化点。然后，根据识别出的问题和机会，制订具体的改进计划。设定明确的目标和行动步骤，制订时间表。确保改进计划是可行和可量化的，以便能够对改进效果进行评估。

接下来，企业需要逐步实施改进措施，根据改进计划的指导进行调整，具体包括改进内容创作、调整推广策略、优化用户互动等方面，以确保改进措施与用户反馈指出的问题直接相关，并能够改善或解决问题。

2. 利用数据分析持续优化短视频推广

数据分析为企业提供了客观的指导和决策依据，确保企业的短视频推广策略更加有针对性和有效性。通过利用数据分析进行持续优化，企业能够更好地了解观众的行为和喜好，改进短视频的内容和推广策略，提高广告效果和用户参与度。

为了优化短视频推广效果，首先需要收集关键数据，并运用短视频平台提供的数据统计功能，确保数据来源的可靠性。这些关键数据包括播放量、观看时长、互动率、转化率等。确保数据准确、全面，并能够提供对短视频推广效果的完整视图。

在收集关键指标数据后，企业需要比较不同短视频的表现，找出哪些视频表现较好，哪些表现较差，同时，观察用户的行为模式和趋势，如观看时长、互动行为等。对这些数据的分析可以揭示观众的喜好和行为偏好，也可以洞察关键的趋势，如某个特定类型的短视频在观众中更受欢迎，或者某个推广渠道的转化率较高。这些发现将指导你优化短视频内容、选择推广渠道和改进营销策略。

基于数据分析结果，企业需要制订相应的调整和改进计划。例如，优化短视频的内容创作，调整推广渠道的投放比例，改进用户互动的设计等。确保这些调整和改进与数据分析的结果直接相关，并能够对短视频推广的关键指标产生积极影响。

持续监测、评估调整和改进的效果是必要的。使用数据分析工具跟踪关键指标的变化，并与之前的数据进行比较分析，评估调整和改进的效果，看是否达到预期的目标，并及时进行调整和优化。

第八章

企业短视频营销获客方法与技巧

企业短视频营销获客方法与技巧包括平台推荐机制、优化短视频排名、粉丝共创 UGC、跨界合作推广、数据驱动优化等方面的内容。通过学习本章讲解的相关方法与技巧，企业可以提升短视频的曝光量，扩大品牌影响力，吸引更多潜在客户，并通过优化数据驱动不断提升获客效果，实现营销目标。

了解平台推荐机制，提升短视频曝光量

G公司是一家做服饰的专业公司，他们制作了一系列精美的短视频，以期提高用户的观看和分享率。首先，G公司定期分析短视频平台上的用户行为数据，包括观看历史、点赞、评论和分享等。通过深入了解用户的兴趣和喜好，他们能够了解哪些类型的视频在目标受众中更受欢迎，并根据这些数据来优化他们的推荐策略。在此基础上，G公司密切关注时尚界的发展趋势和热点话题，并将其与自己的视频内容结合起来。如果某个时尚事件或潮流成为热门话题，他们会迅速制作相应的短视频，并在短视频平台上发布。这样，公司能够吸引到对这些话题感兴趣的用户，并提高视频的曝光量。该公司还与一些知名的时尚博主和KOL合作，让这些人在他们的短视频账号上分享该短视频。这些博主和KOL拥有大量的时尚追随者和观众群体，他们的推荐和分享能够极大地提升视频曝光量和品牌影响力。此外，G公司根据视频的表现数据进行持续优化和调整。公司密切监测视频的观看次数、观看时长、点赞数量、评论和分享数量等指标，并根据数据结果对视频内容、标签和发布时间等进行调整，以提高平台推荐算法对视频的评估和推荐。利用短视频平台推荐机制，G公司采取的这些策略有效提升了短视频的曝光量，提高了视频的可见性以及品牌影响力。

了解平台推荐机制是提升短视频曝光量的起点。企业可以通过研究平台推荐算法以及创作优质内容、优化标题和描述、频繁更新和互动，以及跨平台推广等方法和技巧，有效地提升短视频的曝光量和吸引力，从而获得更多的潜在用户。

1. 了解短视频平台的推荐机制

目前，各大短视频平台的推荐机制有多种，诸如基础流量推荐、阶梯推荐、精品推荐、热度加权、粉丝推荐、话题推荐、评论推荐，以及基于个性化的推荐、基于用户兴趣的推荐、基于相似度的推荐、基于流行度的推荐、基于社交网络的推荐、基于深度学习的推荐等。这里主要介绍一下抖音、快手、视频号平台的推荐机制。

抖音和快手作为两大短视频平台，都以算法推荐为主导，但在推荐规则和侧重点上有所不同。抖音的算法倾向于推荐热门内容，内容质量是其核心评估指标。而快手更加注重内容的真实性和普惠性，因此更倾向推荐长尾内容。尽管抖音和快手在底层技术上存在细微差异，但它们面临着相同的现实问题，即头部大号的影响力不断增强，而创作者们的积极性很难被调动，从而导致了视频创作与消费之间的“二八现象”。并且算法推荐在这种怪圈中发挥作用，形成了一种所谓的“信息茧房”。具体而言，一方面，用户越是消费某一类内容，系统就越倾向于推荐同类内容，而其他类型的内容则被隔离在外；另一方面，数据表现越好的内容越容易获得推荐机会。

视频号的推荐机制主要由社交推荐和算法推荐这两个因素共同推进。社交推荐是指，当用户 A 观看并点赞了你的视频时，A 的朋友圈好友就可以在视频号的“朋友”页面看到 A 点赞的视频。如果 A 的好友 B 看到并点赞了该视频，那么 B 的好友 C 也可以在视频号的“朋友”页面看到该视频。通过这种方式，视频号的内容有机会突破熟人社交圈的限制，获得更多的流量。

除了社交推荐，视频号还依靠算法推荐来提升内容的曝光度，这意味着视频号的内容有机会通过算法推荐脱颖而出。当社交推荐中的点赞量达到一定数量后，视频号的算法推荐就会被触发。尽管社交推荐和算法推荐有时会同时进行，但社交推荐仍然是主要的推荐因素。视频号在一定程度上借鉴了抖音的算法推荐机制，但它的重点并不在于算法推荐，而是回归到视频号自身的优势领域——社交。利用社交关系和用户互动，视频号中的内容能够在用户之间传播，并获得更多的关注和支持。这种社交属性使视频号能够与用户建立更紧密的联系，并向其推荐更加个性化和有针对性的内容。

2. 利用推荐机制算法提升流量

了解了推荐机制后，我们就可以利用推荐机制提升短视频曝光量，如推荐机制算法。利用推荐机制算法提升流量需要遵循以下五个步骤，包括内容审核、初级流量池分配、高级流量池、再次人工审核和二次推荐五环节（图 8-1）。

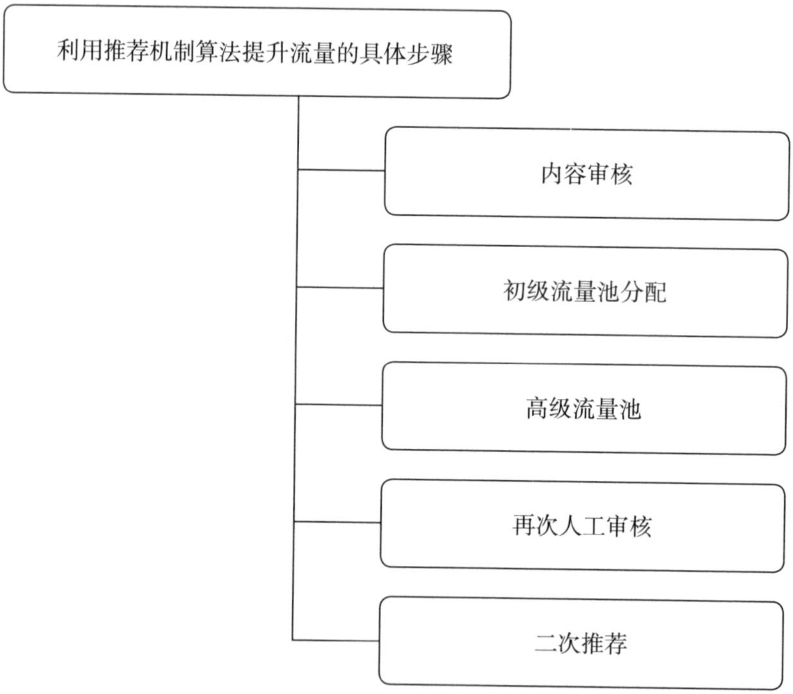

图8-1　利用推荐机制算法提升流量的具体步骤

首先，上传的视频需要通过平台的审核。平台通过机器审核视频的画面、标题关键词和文案，排除涉及广告、裸露、不雅和血腥等内容。如果视频不符合要求，平台会限制其流量或将其退回。因此，在制作视频时需要避免这些敏感内容的出现，并确保视频通过机器审核。

其次，平台会给短视频打上标签，并根据标签和关键词分配初级流量池。初级流量池决定了视频的初始浏览量。视频的热度数据，如完播率、评论数、点赞数和分享数，将影响初级流量池的分配。这些数据的系数会根据平台的算法实时微调，一般来说，播放量（完播率）>点赞>评论>转发。因此，视频的完播率、评论数、点赞数和分享数越多，视频的热度就越高。

当视频在初级流量池中表现良好时，视频就有机会进入高级流量池。在高级流量池中，视频继续获得热度数据，并被推送到下一级流量池。当视频的数据满足下一级流量池的要求时，视频将继续被推送到更高级别的流量池。一般来说，如果视频在发布后一个小时内的播放量超过 5000、点赞数超过 100、评论数超过 10，那么视频进入高级流量池的概率就很大。

当视频持续爆火，播放量达到约 1000 万时，平台将再次对视频进行人工审核。这次审核主要是检查视频内容是否涉及擦边的内容，如涉及隐私和互粉等因素。如果存在擦边的内容，平台将停止对该视频的推荐。

此外，平台还有二次推荐规则。当某个视频的内容引起关注后，观众会开始关注该视频，并浏览其他相关的视频。这将增加这些视频的播放量和点赞量，进而平台会再次推送这些视频。因此，当一个视频走红后，其他相关内容也可能得到更多关注和推送。

布局搜索关键词，优化短视频排名与SEO

关键词布局的核心价值在于，搜索引擎会通过你的网页中的关键词来理解这个网页的主题和内容，因此，一个合理的关键词布局能够提升你的网页的相关性，这将吸引更多的目标用户，增加网站流量。不仅如此，关键词布局还会对网站在 SEO（搜索引擎优化）的排名位置产生影响，这意味着更多的用户能够通过搜索引擎找到你的网站。

1. 关键词及其布局策略

在关键词布局中，核心词、辅助词和冷门词是需要考虑的重要因素。核心词是与网站主题和内容紧密相关的词汇，它们具有高搜索频率和竞争激烈的特点。因此，核心词对于网站来说是必不可少的关键词。在网页的关键位置，比如标题标签、元描述、图片的 alt 标签以及正文的开始部分，应该使用与网站主题和内容高度相关的核心词。此外，在正文的其他部分多次使用这些核心词也可以提升网页的相关性和质量。

辅助词与网站主题和内容相关，但其搜索频率略低于核心词。辅助词相对于核心词来说竞争程度较低，但在优化过程中也不可忽视。对于辅助词，可以将其放置在网页的次要位置，如正文的中间部分或底部。

冷门词指的是搜索频率较低且竞争压力较小的关键词，可能是特定产品名、品牌名或长尾词。虽然冷门词的搜索频率较低，但如果妥善处理，也能为网站带来一定的收益。对于冷门词，可以将它们放置在网页的注释标签、JavaScript 等非重要位置。

除了考虑关键词的相关性和频率，关键词布局还需要考虑搜索趋势和竞争情况等其他因素。搜索趋势指的是关键词在搜索引擎中的搜索热度，可以根据这些趋势选择当前热门的关键词。竞争情况指的是关键词在搜索引擎中的竞争程度，可以通过分析竞争对手的网站来了解这些情况。

2. 通过 SEO 优化提高视频排名

通过关键词筛选、优化标题、视频描述和使用标签，以及提供高质量的内容并持续更新，可以为短视频增加搜索引擎曝光率，吸引更多观众并提高其排名。综合运用这些策略将帮助企业在竞争激烈的短视频领域脱颖而出。下面通过一家新兴电子产品制造商的做法来说明这种方法。

该制造商最近推出了一款智能手表，团队希望通过优化视频内容的 SEO 来提高产品曝光度和品牌知名度。首先，团队进行了关键词调研，他们发现“智能手表”“智能穿戴设备”“蓝牙手表”等关键词与他们的产品最相关。此外，他们还发现“健康监测”“运动追踪”等关键词也与目标用户的需求紧密相关。因此，他们决定将这些关键词纳入优化计划。

为了吸引用户关注，团队设计了一个视频标题：“智能手表：你的健康管家”。这个标题不仅能够吸引用户的注意力，还包含了核心关键词“智能手表”和“健康管家”。

在视频描述中，团队充分利用了关键词，写了一个引人注目的描述：“某某某电子智能手表是一款功能强大的智能穿戴设备，通过蓝牙技术实现与手机的连接，能够监测你的健康状况并追踪你的运动数据。无论是日常生活还是运动健身，它都是你的最佳伴侣。”

团队选择了相关的关键词作为视频标签，如“智能手表”“健康监测”“运动追踪”等。这些标签能够帮助搜索引擎更好地理解视频内容，并提高视频在相关搜索中的排名。

此外，他们非常注重视频的质量，确保视频的画面和声音清晰。视频通过展示手表的各项功能和设计亮点，提供有价值的内容给观众。视频内容包括手表与手机的连接演示、健康监测功能的介绍以及运动追踪功能的展示。

为了保持新鲜度并吸引搜索引擎的关注，团队决定定期更新视频内容。他们计划每个季度发布新的视频，介绍手表的新功能和改进之处。这样不仅能够吸引现有用户的关注，还能吸引新用户，并提高视频的排名。

通过以上的实操步骤，这家电子产品制造商成功地进行了视频内容的 SEO 优化，提高了品牌的知名度。这为他们带来了更多的流量和潜在客户，从而促进了产品销售和业务增长。

粉丝共创UGC，以短视频形式获客

粉丝共创 UGC（用户生成内容）是一种营销策略。它通过邀请粉丝参与创作短视频以获得新用户。在这方面，可口可乐就是一个典型的例子。他们在活动中邀请粉丝们分享喝可乐时的快乐时刻，并承诺优秀的视频将会被用于制作广告。与此同时，创意公司 W+K 负责从收到的约 400 份视频短片中挑选出最优秀的 40 份，并通过精心剪辑和宣传推广，将这些视频短片打造成一个品牌形象突出的系列广告，以“This is Ahh”的口号进行宣传推广。

可口可乐的案例展示了粉丝共创 UGC 在品牌营销中的有效性。通过邀请粉丝参与创作短视频，品牌成功地吸引了来自世界各地的粉丝，并通过加工和宣传推广，将这些 UGC 打造成了一个成功的广告。这一案例证明了通过粉丝共创 UGC 并以短视频形式获客的潜力和机会，为其他品牌提供了有益的借鉴和启示。

1. 通过粉丝分享视频，提升用户互动和忠诚度

可口可乐采取了一种创新的营销策略：邀请粉丝们参与创作和分享视频内容。这种用户参与的方式在增强用户与品牌之间的互动和用户忠诚度方面发挥了重要作用。

首先，这种方式激发了用户的兴趣和参与度。通过邀请粉丝们参与创作，可口可乐不再是单方面向用户传递信息，而是与用户建立了互动的桥梁。粉丝们成为了品牌内容的合作者，他们的参与使品牌活动更加有趣。这种互动性吸引了用户的关注，并激发了他们更深入地了解品牌的意愿。

其次，通过参与广告创作过程，粉丝们能够展示和表达自己的创意和情感。

这种参与让粉丝们有机会向品牌传达他们对可口可乐的喜爱以及与品牌相关的独特体验。他们可以通过视频展示自己与品牌的关系，分享个人的故事和情感。这种参与建立了一种情感联系，让粉丝们更加亲近和认同品牌，同时也增强了他们的忠诚度。

最后，这种用户参与创作的方式还有助于品牌的口碑传播和推广。当粉丝们将自己的创作与品牌联系在一起时，他们往往会主动分享自己的作品，向朋友和社交媒体上的关注者展示他们与可口可乐品牌的关系。这种口碑传播能够扩大品牌的知名度和影响力，吸引更多的用户关注和参与。

2. UGC 体现品牌营销的真实性与亲近感

UGC 对于品牌营销来说具有重要的价值。可口可乐通过收集来自世界各地的超过 400 份视频短片，展示了粉丝们喝可乐时的快乐时刻，为品牌创造了丰富的内容资源。

UGC 具有真实性。这些视频短片来自真实的消费者，他们用自己的手机或摄像机记录下喝可乐时的快乐瞬间。与传统的广告相比，这些 UGC 视频更加真实、自然，更能反映消费者的真实体验和情感。观众在观看这些视频时更容易感受到其中的真实性，从而增加对品牌的信任和认同。

同时，UGC 能够带来亲近感。由于这些视频来自真实消费者，观众们更容易与其中的故事和情感产生共鸣，并与品牌之间建立起情感联系。这种亲近感有助于增强品牌的认同度和用户忠诚度。

通过使用 UGC 形式的广告，可口可乐成功地增加了品牌与消费者之间的情感联系。UGC 广告不仅更具真实性和亲近感，还能够吸引观众的关注并引起观众的共鸣。这些视频短片丰富了品牌的内容资源，为可口可乐创造了一个多样化的广告库。品牌可以在不同的渠道上展示这些 UGC，并与消费者共享他们的喜乐时刻。这种互动和分享进一步加深了品牌与消费者之间的情感纽带，并促使更多用户参与品牌的营销活动。

3. 短视频是吸引用户注意力的现代传播趋势

短视频已成为现代社交媒体和移动设备流行趋势的一部分，其对于品牌营销来说具有重要的价值。可口可乐制作的 30 秒视频广告正符合用户在社交媒体平台上浏览内容的习惯。以下将展开短视频在品牌营销中的优势以及其给品牌营销的益处。

首先，短视频的形式更容易被用户接受和传播。在如今信息爆炸的环境下，用户的注意力很有限。短视频的播放时长通常在几十秒到一分钟之间，符合用户的浏览习惯，并能够迅速传达核心信息。用户可以轻松快速地观看，不需要投入太多时间和精力。这种特点使短视频更容易在社交媒体上被用户接受和传播。

其次，短视频的内容能够更好地吸引用户的注意力。由于时间限制，短视频需要在有限的时间内传达核心信息。品牌必须精简、精确地表达自己的价值主张和品牌故事。这要求品牌在短短几十秒内制作出令人印象深刻的内容，以吸引用户的眼球。通过独特的故事情节、视觉效果和音乐配合，短视频能够在短时间内激发用户的兴趣并给其留下深刻的印象。

最后，短视频适应了用户使用移动设备的习惯。随着智能手机的普及，越来越多的用户在移动设备上观看内容。短视频的紧凑形式适合在移动设备上观看，用户可以随时随地通过社交媒体平台浏览和分享短视频。这种便捷性使短视频具有更好的传播效果，有助于品牌在移动设备时代更好地与用户连接。

通过跨界合作推广，扩大品牌影响力

在跨界合作推广过程中，企业以短视频的形式扩大品牌影响力，除了选择合适的合作伙伴，关键是制作有趣和独特的内容，并与观众进行互动，同时突出品牌的核心价值和故事。通过这些策略，企业可以在跨界合作推广中实现更好的品牌曝光和扩大影响力。具体包括五个方面：制作短视频、强调品牌的核心价值、与合作伙伴互动、鼓励用户生成内容、跨平台推广以进一步扩大影响。如图 8-2 所示。

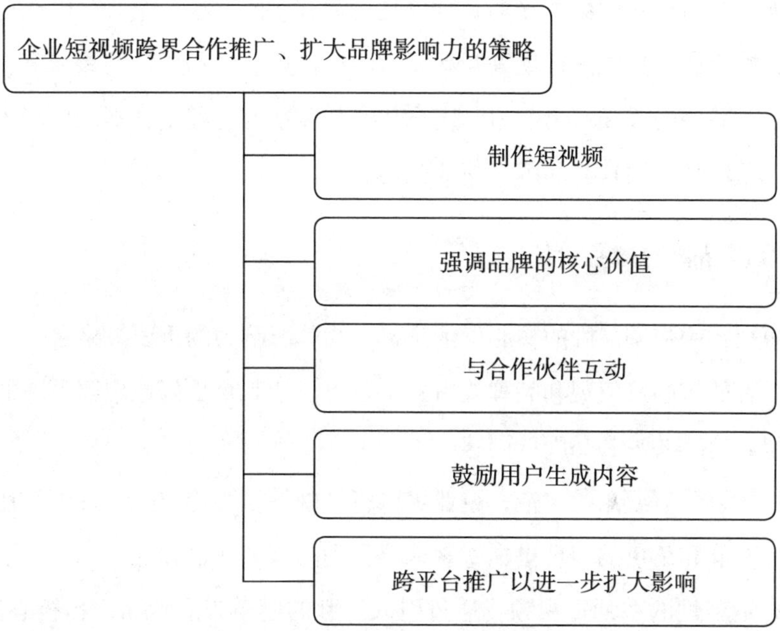

图8-2　短视频跨界合作推广、扩大品牌影响力的策略

1. 制作短视频

制作有趣和独特的短视频是扩大品牌影响力的关键之一。企业可以通过短视频展示品牌的特点和卖点，并与合作伙伴的特点结合，制作出引人注意的内容，吸引用户的关注和参与。

在制作短视频时，企业可以创造有趣的挑战，鼓励用户参与并分享他们的挑战活动。这些挑战可以与品牌的产品或核心价值观相关，激发用户的创造力和参与热情。通过挑战的方式，用户可以在参与中体验到品牌的特点和卖点，从而更好地了解和认同品牌。

另一种方式是通过故事情节来吸引用户。企业可以通过短视频讲述一个有趣的故事情节，将品牌的特点和卖点融入其中，如一个有趣的小故事、离奇的剧情或引人入胜的故事背景等。通过故事情节的引导，用户可以更深入地了解品牌，产生共鸣并对品牌产生兴趣。

此外，在短视频中添加互动元素也是一种有效的方法。企业可以在视频中引入投票、抽奖或用户意见征集等互动元素。这样可以增加用户的参与度，让他们感到自己对品牌的成长有影响力。用户在参与互动的过程中，不仅加深了对品牌的认知，还增强了用户与品牌之间的互动。

2. 强调品牌的核心价值

在短视频中强调品牌的核心价值是扩大品牌影响力的重要策略之一。通过突出展示品牌的核心价值观和品牌故事，企业可以让观众更好地理解品牌的使命和优势，建立情感共鸣和品牌认同感。

通过故事情节或角色塑造，企业可以将品牌的核心价值融入其中，让观众通过情节的发展和角色的表现更加直观地感受到品牌的使命和优势。故事情节可以是一个有情节性的系列短视频，通过引人入胜的剧情来展示品牌的核心价值观。角色塑造可以通过故事中的主要角色或代表性人物来传达品牌的核心价值观，使观众能够更容易地与品牌产生情感共鸣。

通过强调品牌的核心价值，企业可以在短视频中与观众建立情感联系。观众在观看视频的过程中，会更深入地了解品牌的使命、核心价值以及品牌所追求的目标。如果观众能够与品牌的价值观产生共鸣，那么就会更容易建立起观众对品牌的认同感。这种情感联系和认同感可以促使观众在日常生活中选择品牌的产品或服务，从而扩大品牌的影响力。

3. 与合作伙伴互动

在短视频中与合作伙伴互动的一种常见方式是与其共同参与挑战。通过共同设计挑战，品牌和合作伙伴可以在短视频中展示他们的创意和互动。这种形式的合作不仅能够吸引更多用户的参与和关注，还能够增加品牌和合作伙伴之间的互动和合作，共同推动品牌的发展。

此外，品牌和合作伙伴在短视频中进行互相评论和互动可以增强品牌和合作伙伴之间的联系，并引起观众的兴趣。这种互动可以是回复对方的评论、分享对方的内容或进行其他形式的合作互动，以增加品牌的曝光度。还有一种方式是，品牌和合作伙伴共同制作短视频内容，将各自的特点和优势融合在一起，创造出独特而有趣的内容。通过这种互动，品牌和合作伙伴可以相互借力，共同扩大影响力，吸引更多用户的关注和参与。

4. 鼓励用户生成内容

品牌可以设计有趣而有创意的挑战，要求用户根据特定主题或要求制作相关的短视频内容，并鼓励他们在社交媒体上分享。这样可以吸引更多用户的参与，同时扩大品牌在社交媒体上的曝光度和影响力。用户参与品牌挑战不仅能够展示他们的创意和个性，还能够与品牌产生更紧密的联系和认同感。

另外，品牌还可以鼓励用户分享使用其产品的经验和故事。用户拍摄视频分享他们的使用体验，可以激发其他用户的兴趣和参与。这种用户生成的内容可以是产品评测、教程演示、故事分享等，它可以为品牌带来更多的曝光并提升品牌的口碑。同时，用户参与的过程中也会增加他们对品牌的忠诚度，进一步加强品牌与用户之间的互动和关系。

5. 跨平台推广以进一步扩大影响

每个社交媒体平台都有其独特的用户群体和特点，因此在不同平台上进行推广可以吸引具有不同背景和兴趣的用户。比如，在抖音这样的短视频平台上，品牌可以通过制作有趣的短视频来吸引年轻受众的关注。而在微博这样的平台上，品牌可以借助微博的社交功能和传播力量，通过短视频与用户进行互动，进一步扩大品牌的知名度和影响力。

跨平台推广不仅可以扩大品牌的受众范围，还可以增加品牌在不同平台上的曝光度。根据不同平台的特点和规则，品牌可以适配短视频内容，使其更符合平台的风格和用户偏好。此外，跨平台推广还可以通过不同平台之间的互相引流和互动来增强推广效果。比如，在不同平台上引导用户互相关注和分享，通过社交媒体的传播效应，进一步扩大品牌的影响力和传播范围。

数据驱动优化，提升获客效果

F 电子商务公司（以下简称“F 公司”）通过数据分析、用户洞察、A/B 测试、转化跟踪评估等手段来优化视频内容，收到了很好的效果。这种数据驱动的方法可以帮助企业不断改进短视频的质量和效果，实现更好的获客效果和业务增长。下面就以这家公司为例，讨论一下如何利用数据驱动短视频优化、提升获客效果的问题。

1. 数据收集和分析

F 公司发布了一系列宣传该公司产品和服务的短视频，并使用数据分析工具来收集关键指标，例如观看次数、观看时长、点赞数、评论数、转发数等。通过评估这些指标，F 公司确定哪些视频更具吸引力，并根据数据结果进行进一步的优化。

F 公司还通过数据分析了解观众的行为模式和趋势，发现观众在不同时间段的观看习惯，例如在晚间某个时间段，用户的活跃度更高，于是选择在这个时间发布视频。他们还了解到观众的地理位置分布，并针对不同地区的观众制定了个性化的短视频内容和推广策略。公司还利用 A/B 测试来比较不同版本的短视频，包括不同的标题、缩略图、视频长度等变量，并评估每个版本的表现等。

2. 用户洞察及内容优化

通过分析数据，F 公司获得了目标受众的信息，包括用户的年龄、性别、地理位置、兴趣爱好等，并据此创建用户画像，以帮助公司更好地理解用户需求。

根据数据洞察和用户画像，F 公司通过调整视频的主题、故事情节、演示方式等方式优化短视频内容，确保内容与用户的兴趣和偏好相符。例如，如果数据显示年轻用户更喜欢搞笑内容，F 公司就增加幽默元素来吸引他们的注意力；如果受众主要来自特定地理位置，F 公司就根据当地文化和习俗来定制视频内容。

此外，根据数据分析的结果，F 公司还调整了视频的制作风格、长度和发布频率。例如，如果数据显示用户对时长较短的视频更感兴趣，F 公司就缩减视频长度以提高观看率和留存率；如果数据表明用户对特定类型的内容更感兴趣，F 公司就增加该类型的视频，并减少其他类型视频的发布频率。

3. 转化跟踪和评估

除了关注观看和交互数据，F 公司还会关注短视频的转化率和获客效果。他们追踪通过观看视频而进行的消费、注册、订阅或其他转化行为。例如，当用户通过短视频中提供的链接或优惠码进行消费时，公司就会追踪并记录这些转化数据。

通过转化跟踪，F 公司能够确定哪些视频可以对获得潜在客户或提升实际销售产生更好的效果。如果某个视频的转化率较低，F 公司就可以分析其原因并进行改进，例如优化短视频内容或调整播放方式等。此外，他们格外注重短视频对销售额、客户增长或品牌知名度等关键指标的影响，并据此来评估短视频的效果，为公司的短视频营销决策提供依据。

第九章

各行业短视频营销转化路径

短视频营销适合各种类型的企业，尤其是那些希望传递品牌价值、展示产品特色、增强消费者认知和参与度的企业。本章讲解传统企业、快消品行业、教育培训、餐饮企业和旅游行业的短视频营销转化路径，以帮助企业抓住客户痛点、解决客户问题，从而达到理想的营销效果。

传统企业：平台调性、双线联动、借助KOL、孵化自有达人

短视频可以为传统企业带来庞大的受众群体和巨大的商业潜力。同时，短视频的内容丰富、形式多变、强互动性和去中心化传播等特点，为传统企业提供了碎片化、沉浸式和立体化的营销方向，使它们能够更有效地连接目标受众。那么，传统企业如何利用短视频营销突围？如何最大化短视频营销的效果？本节将结合具体案例来讨论传统企业短视频营销转化路径：了解平台调性，运用企业账号；通过双线联动，引发全民互动；借助 KOL 的影响力；孵化属于自己的达人，如图 9-1 所示。

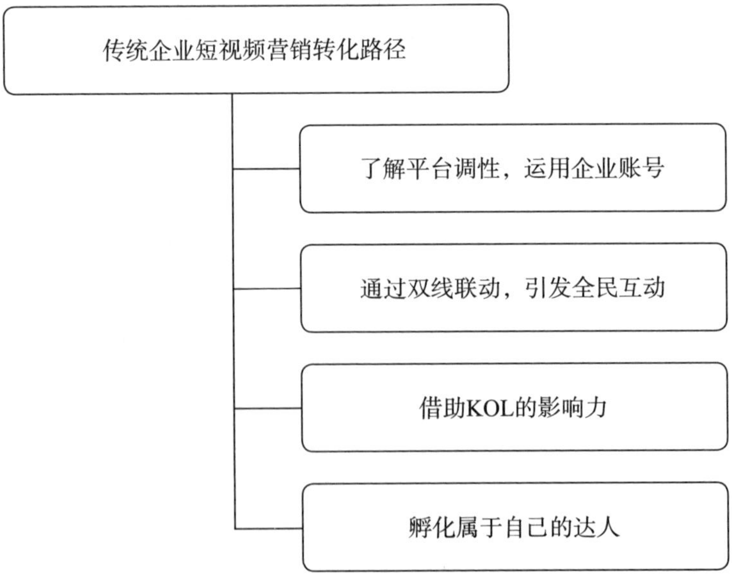

图9-1　传统企业短视频营销转化路径

1. 了解平台调性，运用企业账号

在短视频时代，企业可以通过不同方式进行营销。例如，蓝 V 账号“掌悦读书”在抖音上通过形象优雅的达人朗读书籍节选，精准地吸引了喜爱读书的用户，将产品宣传与转化相结合。另一个蓝 V 账号“秀之阁美发”则巧妙融合美发与剧情，以有趣、感人、温馨的故事吸引了大量粉丝。

传统企业在运营官方账号时需注意的要点：首先，要找到准确的切入点，将产品特性和目标用户特点相匹配，并符合短视频平台调性和大众趣味。其次，内容可多样化，展现公司文化、员工生活，挖掘与品牌相关的 UGC 内容，抓住热点表达品牌观点，渗透企业文化和传达品牌优势。最后，在展现形式上可以运用流行的手段，如剧情、反转等，弱化宣传属性，拉近与用户的距离。

2. 通过双线联动，引发全民互动

全民互动是短视频影响力的一种体现。以海尔兄弟与快手合作的案例为例，他们推出了雷欧舞挑战赛，吸引了高粉账号和大量用户上传海尔兄弟相关视频，总播放量高达 1.3 亿。通过线上活动和线下渠道的联动传播，品牌的营销效果得以进一步扩大。

传统企业在短视频营销中应注意以下要点：第一，利用明星和 KOL 号召力，激发 UGC 用户的参与热情，将参与者转化为品牌的代言人。第二，通过线上和线下活动的联动，将品牌传播效果扩大到更广泛的受众。同时，要提供丰富的线下传播渠道，如专卖店的大屏播放和智能快递柜的轮播，以增强品牌的曝光和影响力。通过充分利用全民互动的力量，企业可以实现更广泛的品牌传播与营销效果。

3. 借助 KOL 的影响力

短视频平台上，许多品牌在不同 KOL 的作品中出现，涵盖了汽车、服装、美妆、视频、数码 3C、食品等多个领域。传统企业普遍选择借助 KOL 的影响力进行广告投放，这种原生内容的营销方式是他们的首选。

然而，在借助 KOL 的影响力进行广告投放时，传统企业需要注意以下两个问题。第一，选择合适的 KOL 至关重要，只有合适的 KOL 才能带来相应的传播效果和带货力。因此，在选择 KOL 之前，企业应进行充分的调研和评估，综合考虑 KOL 的商业价值、调性以及与目标用户的重合度，选择与品牌匹配度高的 KOL 进行投放。第二，企业应给予创作者适当的创意空间，在内容上摆脱直白的广告宣传形式。与创作者合作，将产品与 KOL 的特点和视频风格完美融合，以消除用户对于广告的反感，潜移默化地提升用户对品牌的认知度和好感度。

4. 孵化属于自己的达人

传统企业在短视频平台上孵化熟悉自家产品的自有达人，对于增加品牌的投资回报率具有重要意义。一个典型的案例是家具制造企业尚品宅配。他们在抖音上建立了品牌矩阵群，包括“尚品宅配”和“Honekoo 整装云”，以及拥有个性化属性的“wuli 设计姐”和“设计师阿爽”等达人矩阵群。通过这两个矩阵群，尚品宅配与潜在客户进行内容互动，涵盖设计、装修和科普等不同角度。通过锁定用户属性，获取用户更深的信任感，尚品宅配实现了精准推送和激活用户，进一步赋能品牌并实现有效的转化。

在尚品宅配的矩阵群中，账号内容以装修和家居知识为主，而达人矩阵中的账号更注重个性化塑造。例如，“设计师阿爽”这个账号在抖音上已经拥有两千多万的粉丝，其发布的视频反响一直很好。她的视频内容通过直观的场景，围绕家居设计展开各种类型的专业介绍，充满了体验感和代入感。同时，在达人个人主页的简介和视频末尾的再次强化，突出了达人的专业性，并且形象饱满，具有记忆点。

企业自主孵化出表现优异的达人，实际上是在打造具有独立人格的“新品牌”，这种新品牌为传统企业带来了更多的价值。它是传统企业在短视频领域的一种新营销方式，创造了新的社交扩散方式，并有助于传统企业的品牌传播。通过自有达人的塑造，传统企业能够更好地与目标受众建立连接，提升品牌的认知度和好感度，进而实现更高的投资回报率。

因此，借鉴尚品宅配的案例，传统企业在短视频领域可以注意以下要点：第一，建立自有达人团队，培养熟悉产品的达人，使其具备代表品牌的能力。第二，通过达人矩阵的方式，创建多个品牌账号，并根据不同的特点和属性进行内容创作，以满足目标受众的多样化需求。同时，要注重个性化塑造，让达人在视频中展现自己的专业性和独特魅力，以吸引用户的关注和信任。通过这些措施，传统企业能够在短视频平台上打造新的品牌形象，提升品牌的影响力和市场竞争力。

快消品行业：高质量的短视频内容，产品+低价的营销策略

快消品行业是短视频营销的佼佼者，无论是食品、化妆品还是日用品，其产品特性天然适合短视频的宣传形式。通过轻松有趣的短视频内容，企业能够吸引年轻消费者的注意，激发他们的购买欲望，并快速传播品牌形象。以短视频的视觉冲击和情感共鸣，快消品企业可以在短时间内生动地展示产品的特点和优势，同时传递品牌的价值和理念。这种快速、生动、富有创意的短视频营销可以迅速引起消费者的兴趣，带来关注和口碑效应。此外，短视频平台的社交属性和分享机制能够进一步扩大品牌的影响力，让消费者主动传播品牌信息，形成更广泛的传播效果。因此，快消品行业通过短视频营销能够实现品牌的快速曝光和市场的

迅速渗透。本节将讨论快消品行业短视频营销转化路径：制作高质量的短视频及其注意事项；运用“产品＋低价”营销策略，如图 9-2 所示。

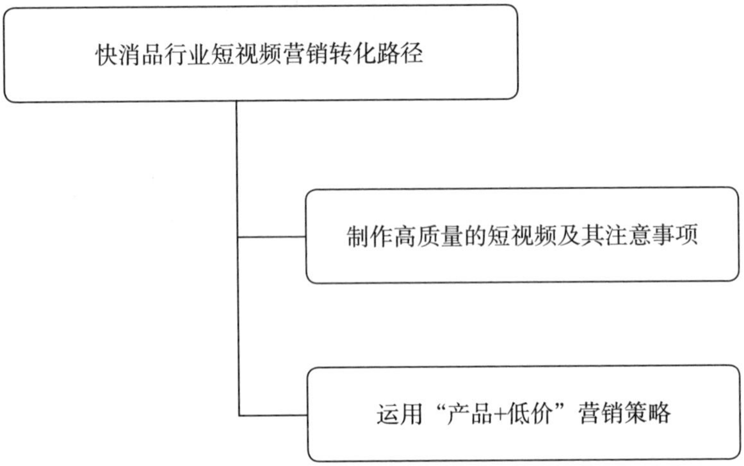

图9-2　快消品行业短视频营销转化路径

1. 制作高质量的短视频及其注意事项

快消品企业制作短视频时，需要从四个关键方面入手。首先，明确目标受众，以更好地满足受众的需求，制作符合他们口味的短视频内容。其次，创意策划是制作过程中的关键环节，视频可以通过搞笑、感人的剧情，或者音乐的节奏和特效等方式吸引用户的注意。同时，可以运用情景剧、解说等形式展现产品的特点和卖点。再次，拍摄制作过程中需要注重画面稳定性和清晰度，运用合适的镜头和光影处理。多角度、多机位的拍摄可以展现产品的特性和卖点。最后，后期制作是制作过程的最后一步，特效和音效的运用可以增强视频的感染力和视觉冲击力。同时，制作视频时要注意视频的时长和画面质量等细节的处理。

在制作短视频时还需要注意以下四点：首先，关注流行趋势和热门话题，合理运用标签和关键词来增加曝光率。其次，与观众建立互动关系，收集用户反馈，回应负面评价，并通过线上活动和投票等方式引导观众参与，增加黏性。再次，多渠道推广，在各大社交媒体平台上发布视频，与其他创作者或品牌合作进行跨平台推广，扩大影响力。最后，不断优化和改进，关注观看数据和用户反馈，找出不足之处并改进，同时关注行业动态和新兴技术，提升制作水平和创意能力。

2. 运用“产品 + 低价”营销策略

快消品企业的短视频营销可以采用“产品 + 低价”的策略。通过展示所选产品的特点和优势，以及制定低价策略，企业可以吸引潜在客户的注意力，并激发他们的购买欲望。

在产品选择方面要注意以下四点。首先，选择合适的产品类型。日用品、美妆个护、服装配饰、美食、玩具、文化用品等产品的特点和卖点适合通过短视频展现。其次，在选择产品时要注重品质。优质的产品能够增加用户的持续购买和信任。再次，选择具有独特卖点和创新元素的产品。这样的产品容易吸引用户的注意力并脱颖而出。最后，产品的价格适中，物有所值甚至物超所值，因为用户更倾向于购买性价比高的产品。

在低价策略方面，不同类型的产品需要采取不同的销售方式。对于高价格、低使用频率的产品，如家电、数码产品，需要重点展示其功能、品质和售后服务，并通过演示和对比等方式突出产品的优势。而对于快消品如日用品、化妆品，则需要展示产品的使用效果、品牌形象和价格优势等。另外，要根据受众群体的不同，采取相应的销售方式。年轻人的产品可以运用时尚、个性化的元素，如潮牌、音乐、电影等，而家用产品则需突出其实用性和价格优势。综合考虑这些因素，才能实现最佳的销售效果。

教育培训行业：知识付费、优势明显、变现方式

教育培训是当今短视频营销的热门领域之一。在信息时代，传统的教学方式逐渐让学生和学员们失去了兴趣，而短视频生动直观的表现形式和简洁明了的内容成功地满足学生们对于快速获取知识的需求。教育培训机构和在线教育平台可以借助短视频的力量，创造出富有创意和高质量的教学内容，吸引更多的用户，实现品牌影响力增长。目前，许多互联网平台纷纷推出了线上教育和学习的新功能和活动，其中最典型的就是在线直播课程和各种远程课程、云学习功能。这些创新的教学方式不仅为学生提供了更加灵活和便捷的学习环境，也为教育培训行业带来了更广阔的发展机遇。

本节将从短视频对教育培训行业的推动作用、教育培训行业利用短视频平台做营销的优势，以及教育培训行业短视频变现的步骤和方法（图 9-3）三方面进行阐释，以期为教育培训行业提供一些启示。

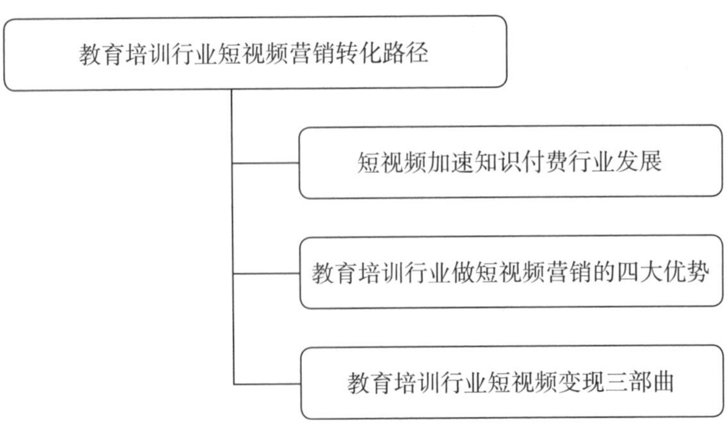

图9-3　教育培训行业短视频营销转化路径略

1. 短视频加速知识付费行业发展

中国的泛知识付费行业呈现出强劲的增长势头。根据《2021 中国泛知识付费行业报告》，该行业市场规模近年来一直维持 40% 以上的增幅，并且有超过 70% 的用户选择通过短视频学习。而相关调研数据显示，2022 年中国消费者最喜欢的授课形式是短视频，占比达 56.8%，用户对短视频类的知识付费内容的需求逐渐提升。预计到 2025 年，中国的知识付费市场规模将达到 2808.8 亿元。

知识付费内容呈现出日益多元化的趋势，不再局限于专业化内容，还包括娱乐和社交类知识内容。消费者倾向于通过知识付费产品解决实际问题，并且愿意为获取专业内容付费，这为垂直领域的知识付费平台提供了发展机会。总体来看，付费功能的开通赋予了个体创作者新的盈利方式，从机制上鼓励更多优质内容的产生。

在受欢迎的付费内容中，职业技能、商业投资、个人成长、专业知识和兴趣爱好等几大类仍然占据主导地位，与市场中长期受欢迎的课程类别相比变化不大。然而，我们也可以观察到一些小的变化。例如，专业知识领域，心理学和医学健康类的内容在近两年受到更多关注；而公务员、研究生等各类考试课程以及有助于就业和职业技能发展的内容仍然保持高度热度。此外，付费内容的新增布局趋向更加垂直和细分，这意味着知识付费行业正朝着产品多元化和更深入发展的方向前进。

2. 教育培训行业做短视频营销的四大优势

以抖音为例，教育培训行业利用短视频平台做营销具有流量大、运营简单、平台扶持和快速变现的优势。这为教育培训行业的发展提供了新的机遇和可能性。

首先，抖音和快手等短视频平台拥有庞大的用户流量，成为 5G 时代最重要的流量入口之一。随着 5G 网络和终端设备的不断完善，未来的 3 到 5 年将是中国互联网从图文时代向视频时代转变的关键阶段，短视频也成为了快速涨粉和引流的最佳方式。

其次，教育培训行业的账号在抖音等平台上运营相对简单。这些账号可以直接省去内容制作环节，直接将授课视频进行剪辑和运营变现。例如，知识付费领域的头部机构“樊登读书”拥有过亿粉丝，他们快速涨粉的方法就是将线下课程进行剪辑。这再次验证了爆款视频的核心是内容，只有对用户有用、能引起用户共鸣、让用户有获得感的内容才能吸引更多粉丝。而教育培训行业擅长生产优质、让用户得到实际收益的内容，因此其在短视频领域有一定优势。

再次，平台对知识付费领域的内容给予重点扶持。抖音和快手等平台一直注重支持知识付费领域的内容创作者。例如，抖音为知识创作者开放了合集功能的使用权限，推出了《抖音知识创作者手册》，公布了官方梳理的知识短视频创作方法论，并将知识创作者纳入创作者成长计划。这些举措为教育培训行业的内容创作者提供了平台扶持，增加了他们的曝光和影响力。

最后，抖音和快手等平台具有较快的变现能力。它们针对知识付费领域的账号推出了不同的扶持政策，并提供了知识付费内容的在线售卖功能。这些政策和功能的开放为教育培训行业的从业者提供了营销利器和盈利渠道。

3. 教育培训行业短视频变现三部曲

在教育培训行业，通过短视频涨粉变现成为一种趋势。然而，要成功实现这一目标，需要摸清平台规则和功能、账号运营的精细操作以及对每一个细节点的运营。只有掌握了这三部曲，才能在短视频领域取得成功。

第一步是了解平台规则和功能。平台规则包括熟悉平台的推荐机制和避免踩到平台运营的雷区。此外，还需要掌握一些基础操作，例如如何开通商品橱窗（或抖音小店）、如何制作视频以及如何开启直播带货等。

第二步是账号运营。账号运营包括多个方面的内容，如确定账号的定位，规划内容、制作爆款内容、打造个人形象、进行粉丝运营、分析数据以及发布视频等。这些方面都是账号成功发展所必须考虑的重要因素。

第三步是精细化运营每一个细节点。这包括确定知识付费型的内容的选取标准，巧妙地给视频取标题，通过后期加工（如加背景、转化引导、字幕等）提升视频互动率，设计视频发布的节奏以及掌握涨粉引流技巧等。每一个细节点都需要经过精细化的运营，因为成功的短视频并非凭运气，而是讲究方法和技巧的。

餐饮企业：将有趣的短视频内容和直播结合起来

餐饮企业通过制作有趣、实用的短视频内容，能够吸引用户的关注并与其产生共鸣。通过精心的策划和运营，结合与粉丝的互动和回复，餐饮企业能够提升品牌曝光度，增加用户互动，为未来的销售和宣传打下坚实基础。下面将讨论餐饮企业短视频制作的关键步骤与策略，以及短视频运营中的互动与回复策略两个议题，如图 9-4 所示。

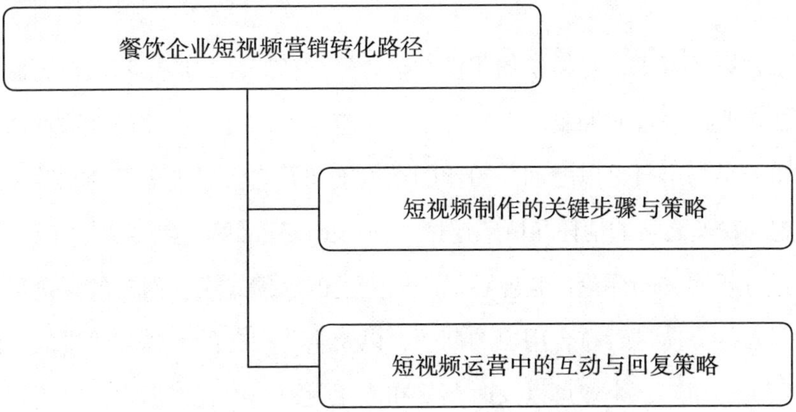

图9-4　餐饮企业短视频营销转化路径

1. 餐饮企业短视频制作的关键步骤与策略

首先，餐饮企业在制作短视频时，需要明确企业的定位、目标客户群体以及企业的特点。这有助于确定视频的风格和内容，使其与企业形象相一致。例如，如果餐厅以创意菜品和时尚氛围为特点，餐饮企业可以通过短视频展示精美的菜品摆盘和独特的用餐体验，以吸引年轻的消费者群体。

其次，短视频制作需要有组织、有计划地进行，并长期保持更新。餐饮企业可以制订一个视频发布计划，定期发布新的内容，以保持用户的关注和参与。例如，每周发布一个新的菜品介绍视频或者每月举办一个有趣的厨艺挑战活动，并通过短视频的形式展示参与者的表现和成果。

此外，短视频还可以用来传递一些实用的内容，如家常菜系的做法、食材的选择与搭配技巧等。这类视频不仅能够吸引那些对美食感兴趣的用户，还能够让用户感受到企业的用心，进而增加他们对企业的信任和关注。通过提供有用的信息，餐饮企业可以与用户建立起一个更加亲密的关系，让用户将其视为一个可靠的知识来源，并进一步关注和支持企业的发展。

2. 短视频运营中的互动与回复策略

在短视频运营中，与粉丝的积极互动是建立良好品牌形象和用户忠诚度的关键。餐饮企业应该及时回复网友的评论，回应他们的提问、建议。这种回复可以采用幽默诙谐的语气，以增加与粉丝的亲近感和共鸣。通过积极的互动，企业可以建立起与粉丝之间的信任和情感连接，进一步巩固品牌形象。

通过分析网友的评论，企业可以获取宝贵的反馈意见。网友的评论可以揭示出视频运营的方向是否符合用户的期望，以及企业存在的问题和改进的空间。通过认真倾听和回应，企业可以及时调整和优化短视频内容、形式，以更好地满足用户的需求和期待。这种持续的改进有助于提升用户体验，增加用户参与度，并进一步巩固企业在用户心目中的地位。

旅游行业：平台、内容制作、旅游地的特色和文化等

短视频已经成为旅游行业的一种有效营销手段。为了最大限度吸引游客和提升品牌知名度，旅游行业可以采取多种策略进行短视频推广。通过选择合适的平台、制作高质量的短视频、挖掘旅游目的地的特色、与相关合作伙伴合作等方式，旅游企业可以吸引更多的游客，提升品牌知名度和销售额，如图 9-5 所示。

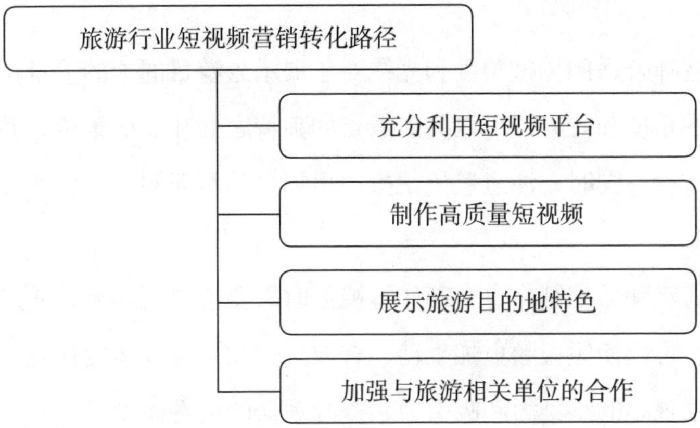

图9-5　旅游企业短视频营销转化路径

1. 充分利用短视频平台

短视频平台为旅游行业提供了与观众互动的机会，这对于增加观众的参与度和黏性非常重要。通过在短视频平台与观众的互动，旅游行业可以增加用户参与度、扩大品牌影响力，并实现商业价值的最大化。首先，短视频平台拥有巨大的用户基数和高度的用户参与度，旅游行业可以通过发布精彩的旅游内容吸引用户的关注和点击，获得大量的流量。

其次，短视频平台具有社交属性，用户可以将有趣的旅游内容分享给自己的好友或关注者，这有助于快速扩散影响力，提高品牌的知名度和影响力。

最后，短视频平台的创新变现模式也为旅游行业带来商业价值，例如与相关的品牌合作进行广告植入或合作推广，吸引用户的关注和增加用户购买意愿，从而获得商业合作收益。

2. 制作高质量短视频

除了利用平台，短视频的内容制作质量对于旅游行业来说也非常重要。

首先，选择合适的拍摄设备是关键。使用专业摄像机可以提供更高质量的画面和影像效果，确保短视频的清晰度，使观众能够更好地欣赏旅游目的地的美景和特色。

其次，选择合适的拍摄角度和光线对于展示旅游目的地的美景至关重要。通过选择恰当的角度和灯光，可以突出景点的独特之处和美丽景色，并给观众带来更好的观赏体验。同时，注意避免拍摄中出现抖动等问题，以确保画面的稳定性和清晰度。

最后，剪辑和后期制作也是制作短视频时需要重视的环节。通过合理的剪辑和后期处理，可以使短视频更加生动、有趣。例如，可以运用音效、配乐和特效等手段，增强视频的感染力和吸引力，提升观众的观看体验。

3. 展示旅游目的地特色

每个旅游目的地都有其特色，而短视频可以成为展示这些特色的有力工具，吸引更多游客。

首先，短视频可以展示当地的美食、民俗表演等。通过美食的呈现，观众可以感受当地独特的饮食文化，了解当地的传统菜肴。同时，通过展示民俗表演、传统舞蹈等活动，观众可以感受当地的传统文化和艺术表达形式，增加对旅游目的地的兴趣和好奇。

其次，短视频还可以展示旅游目的地的自然景观。无论是壮丽的山脉、蔚蓝的海洋还是神秘的森林，这些自然景观都是旅游目的地的独特之处。通过巧妙的拍摄角度和光线运用，短视频可以让观众身临其境，激发他们的探索欲望。

最后，在短视频制作时可以配以文字说明，向观众提供更多的背景知识和相关信息。这样可以帮助观众更好地了解旅游目的地的特色，提升他们的旅行意愿。

4. 加强与旅游相关单位的合作

与当地景点和导游等进行合作，对于旅游行业来说是一种有效的推广方式，有助于旅游行业获得更多的资源和支持，提升短视频的质量和影响力。例如，与景点合作可以获得更多的展示机会和权限。合作景点可能会提供更多的拍摄权限，允许短视频团队在其内部进行拍摄，并展示景点的独特魅力。这样可以为短视频增加更多的吸引力和独特性，吸引更多的观众。而与当地导游合作可以获得专业的解说和导览服务。导游了解当地的历史、文化和故事，他们可以为短视频提供有趣的解说和导览，让观众更深入地了解旅游目的地的历史背景和特色。

第十章

企业短视频制作与营销管理工具

企业短视频制作与营销管理工具旨在为企业提供一系列功能强大的工具，包括数据分析、剪辑、配音、文案生成、矩阵管理和营销获客等工具。使用这些工具的目标是帮助企业通过短视频实施更精准的营销策略，提升品牌的影响力和竞争力，从而实现更好的营销效果和获客结果。

企业短视频数据分析工具

短视频数据分析工具是指通过对短视频内容、用户行为、用户反馈等数据的挖掘、采集和分析，从而为相关企业或机构提供短视频运营、营销、推广等方面的数据支持和决策依据的一种工具。这里介绍企业在短视频运营环节中常用的四款短视频数据分析工具。

1. 灰豚数据

灰豚数据是一款热门的短视频数据分析工具，适用于企业级电商，专注于提供短视频和直播数据分析服务，尤其适用于抖音和快手等平台。通过灰豚数据提供的数据，用户可以更高效地分析视频市场趋势，为自己的短视频内容制作做好准备，提升内容质量与影响力。

灰豚数据可以查看近 2 小时或 30 天内最热门的视频、音乐、话题等，这有利于用户学习优秀作品并进行创作。同时，它还提供数据监测功能。用户不仅可以监测自己的账号运营情况，还可以对已发布视频进行分钟级实时监测，掌握视频各项数据，从而判断视频是否可能成为热门作品。

2. 新抖平台

新抖是新榜旗下的数据服务平台。它致力于为电商商家提供抖音和快手平台的数据分析服务。

新抖提供了全面而细致的在线数据服务。其一，它为用户提供各类创意素材，如热门视频、音乐、话题、评论等，以供用户借鉴学习。其二，用户可以通过新抖查询到不同账号的排行数据，也可以利用其种草、打卡等功能开展营销。其三，新抖还可以查询品牌在抖音的声量数据，帮助企业了解自身影响力。此外，它还可以下载运营数据，实时监测 DOU+ 投放效果。

3. 卡思数据

卡思数据是国内一个权威的短视频大数据开放平台。它依靠丰富的数据内容及服务，帮助客户在短视频领域开展数据驱动的运营与合作。

卡思数据主要提供七大功能模块：MCN 管理，为机构管理旗下达人提供数据支持；热门视频，支持查询各平台热门视频以供创作参考；抖音背景音乐（BGM）榜单，显示不同周期热门 BGM；话题板块，包含挑战赛和话题，便于深挖营销点；平台热点，通过词云图了解各平台热词趋势；智能筛选，为广告客户精准匹配合作 KOL；粉丝解析，全面分析达人粉丝属性。此外，卡思数据还设有不同版本会员权限，其功能覆盖面与性价比均随等级而增强。

4. 飞瓜数据

飞瓜数据是一款专业的短视频数据分析平台，通过丰富的短视频热点数据和应用场景，有效支持运营者和商家开展数据驱动的短视频创作与营销，从而为用户提供了直观和全面的分析视角。

飞瓜数据提供以下主要功能：数据管理和单个视频数据追踪，可查看实时情况；查询热门素材如音乐、话题、视频、评论以供创作参考；查看博主排行榜，研究竞品和对标账号；实现账号、商品和视频监控，对不同账号数据进行对比；帮助电商企业开展视频带货分析，提供销量排行等数据支持；搜集品牌排行榜等多维对比数据。此外，飞瓜数据兼有免费版本和收费版本，部分高级功能需付费使用。

企业短视频剪辑工具

视频剪辑是一种将不同素材组合成最终视频作品的过程。无论是制作个人视频、小型商业视频还是大型电影，视频剪辑软件都可以帮助我们将素材转化为最终的作品。这里介绍一些目前市场上最受欢迎的视频剪辑软件以及它们的特点和功能。通过了解这些软件，希望大家能够更好地了解哪些软件最能满足自身的创作需求。

1. 必剪

必剪是一款免费的中文软件，适合于 B 站（bilibili）的博主们。它提供了丰富的视频编辑剪辑，如视频剪辑、滤镜效果、音乐插入等，让用户可以轻松地进行视频创作。

除了基本的编辑功能，必剪还支持视频的云端存储。用户可以将编辑好的视频内容上传到必剪提供的云服务上进行备份。这彻底解决了视频本地存储带来的容量不足和安全问题。用户任何时候都可以通过 App 或者 PC 端访问和管理自己在必剪上储存的视频。此外，必剪还整合了主流社交平台的分享功能。视频创作者可以选择直接将视频内容发布到微博、微信等渠道，实现创作的传播。

2. 快剪辑

快剪辑是一款免费的中文软件，适用于电商营销、内容营销、短视频创作等场景。它提供了强大的视频剪辑功能，如视频切割、视频合成、添加字幕等。这些功能让用户可以轻松完成视频内容的编辑与处理。除此之外，快剪辑还支持多种常见的视频格式。用户可以根据个人需求方便地选择视频格式进行上传和编辑。与其他视频编辑软件相比，快剪辑的操作界面更为简洁、直观，初学者也可以快速掌握软件使用方法。

快剪辑的另一个重要特点是提供云端存储服务。用户可将视频项目保存在云端，并可随时在多端设备上访问和编辑作品。这大大减轻了视频本地存储的压力。同时，快剪辑整合了社交平台的分享功能，用户仅需一键即可将视频分享到微博、微信等平台，实现创作传播。

3. 秒剪

秒剪是一款免费软件，适用于制作和分享短视频，例如抖音、快手等平台上的短视频。它提供了丰富的视频处理功能，用户可以实现视频的精准切割、合成、添加字幕等操作。除此之外，秒剪还兼容常见视频格式，如 MP4、AVI 等，能够方便地处理来自不同设备的原始视频。同时，它采用简洁直观的用户界面，操作流程清晰，即便初学者也能快速入门。

此外，秒剪提供了云端存储服务。用户可以将编辑好的作品上传至云端，随时在手机、PC 上访问管理。这大大减轻了视频本地存储的难题。值得一提的是，秒剪还整合了主流社交平台的分享一键，用户可以快速分享视频。

4. 快影

快影是一款免费软件，适用于搭载 iOS 和安卓操作系统的移动设备。它提供丰富的视频处理工具，例如视频切割、合成、字幕添加等功能。这能有效帮助用户完成视频内容的精准制作。除此之外，快影也支持常见视频格式的处理，如 MP4、AVI 等。同时快影采用了简洁直观的界面设计，操作流程清晰简单，初学者能够快速掌握使用方法。

此外，快影提供了强大的云端存储服务。用户可以将自己制作的视频项目上传至线上，随时在手机、PC 上进行管理和编辑。这大大减轻了本地存储带来的困难。同时，它还支持一键把视频分享至微博、微信等社交平台，实现了视频作品的高效传播。

5. 小影

小影是一款免费视频编辑 App，适用于搭载安卓和 iOS 系统的设备。它提供了丰富的视频剪辑功能，如视频裁剪、合成、添加字幕等。除此之外，小影也兼容常见视频格式如 MP4、AVI 等。同时它采用简洁直观的界面，操作一目了然，初学者上手也很容易。

小影的另一个亮点是提供免费的云端存储服务。用户可将视频项目上传至云端，随时在手机、PC 等多端编辑管理自己的作品。这大大解决了本地存储带来的容量不足的问题。此外，小影还支持将视频快速分享至微博、微信等社交平台。

6. 万兴喵影

万兴喵影是一款功能强大的多平台视频剪辑软件，适用于多个电商平台，如淘宝、天猫、京东、拼多多、抖音、快手、有赞、微店等。它提供了用户友好的界面操作和丰富的视频编辑元素。其界面设计简洁明了，有利于初学者快速上手操作。它为用户提供了丰富的素材资源，包括音乐、字幕、特效模板等，这有利于用户根据需要自由组合出独特的视觉效果。

在视频处理能力方面，万兴喵影支持视频的精细剪辑与拼接，并提供多种特效和滤镜让用户调节影像质感。此外，它还兼顾音频处理，支持添加、删除或修改音频轨道。另外，万兴喵影还支持导出多种格式的视频。用户可以根据自身需求或者后续使用场景，选择最佳的分辨率和编码配置进行输出。

7. InShot 安卓版

InShot 安卓版是一款适用于安卓手机端的视频编辑和图片编辑的软件。它为用户提供了丰富的视频处理功能，允许用户导入多种格式的视频文件进行编辑，可以实现精准的剪辑、组合不同片段等操作，同时也支持对视频播放速度进行调整控制。除此之外，它还提供了丰富的视频滤镜和字幕样式选择。用户可以给视频添加个性化的特效，为视频增加趣味。此外，它内置了大量优质音乐资源，这为用户选择合适的配乐带来很大的便利。

值得一提的是，InShot 安卓版内置丰富的转场特效，如淡入淡出效果，这能把视频之间的连接衔接得更加流畅自然。

8.VideoShow

VideoShow 是一款功能强大的视频制作和编辑应用程序，适用于 iOS 和安卓系统。它为用户提供了许多视频编辑工具，如视频剪辑、添加各种转场效果如切换、淡入淡出等。这能帮助用户从多个角度展现视频内容。此外，丰富的滤镜和特效也可以给影片添加个性化视觉呈现。除此之外，VideoShow 还提供类型丰富的音乐素材，用户可以很容易为视频选定符合主题的音乐。同时其允许自由导入音效资源。

VideoShow 的另一个亮点是提供导出视频至各类平台的多种方式。用户不仅可以将作品保存至本地，还可以一键分享到多个平台上，这大大降低了影片传播的门槛。

9.Versa

Versa 是一款免费软件，适用于 iOS 和安卓系统。它为用户提供了丰富的视频制作工具，例如视频剪辑、添加各类转场效果等，这可以帮助用户从多个角度展现视频内容。此外，它提供多种滤镜和特效，让视频实现更具个性化的视觉表现。除此之外，Versa 还内置了大量优质音乐资源，方便用户为视频选配合适的背景音乐。同时，Versa 支持导入第三方音效素材。

Versa 的另一个优点是提供视频导出和分享的多种选择方式，用户不仅可以保存项目至本地，还可以一键上传到各大平台，这大大降低了视频传播的门槛。

企业宣传片配音神器

企业宣传片配音软件是专门为制作企业宣传片而设计的软件。它可以帮助用户快速、高效地制作出高质量的宣传片，同时支持批量操作，大大提高了制作效率。这里推荐几款宣传片配音软件，希望能对大家有所帮助。

1. 剪映

剪映是抖音官方推出的一款视频编辑器，适用于快速制作短视频、Vlog 和微电影。它内置了许多实用的视频编辑功能。其中一个非常实用的功能就是文字转语音，它不仅支持多种语音类型的输出，如男声、女声等，还支持不同格式的语音输出，可以满足用户的各种需求。

除了文字转语音功能，剪映还提供丰富的背景音乐和音效资源。用户可以根据自己视频的内容和风格从中选择不同的背景音乐和音效加以运用。这些音乐和音效能很好地增强视频的氛围和趣味性。

2. 知意配音

知意配音是一款专业的文字转语音软件，适用于各种语音合成场景。它支持广泛的语音类型输出，包括男声和女声等，同时支持多种音频格式输出，能够满足不同需求。此外，知意配音提供丰富的背景音乐和音效资源，用户可以选择感兴趣的音乐或音效为视频配乐，给视频增添生动的氛围。

除此之外，知意配音还支持批量处理功能。用户可以批量上传文本文件，快速将它们转换为语音文件。这对于企业制作宣传视频尤其实用。通过知意配音，企业可同时为多个宣传视频配音，可以显著提高工作效率。

3. 魔音工坊

魔音工坊是一款功能强大的视频配音软件，适用于需要制作配音作品的人群，例如广告配音师、动画制作人员、短视频创作者等。它具有文字转语音的核心功能，可以将文本快速转换为优质的语音资源。魔音工坊支持多种语音类型的输出，如男声和女声，且支持不同的音频格式，可以满足用户各种需求。

除了文字转语音，魔音工坊还提供丰富的背景音乐和音效库。用户可以根据视频内容从中选择恰当的音乐或音效，为视频添加生动的配乐。这有利于提升视频的可视体验。此外，魔音工坊还支持批量操作功能。用户可以同时处理多个文本文件，实现语音资源的一键转换，大大提高工作效率，尤其适用于企业级宣传视频的制作。

4. 录音之星

录音之星是一款免费的在线录音和配音平台。它不需要下载安装，用户只需通过浏览器即可使用。录音之星提供基本的录音和编辑功能。用户可以使用设备内置的麦克风录音，也可以导入外部音频文件。在录音过程中，它支持回放、暂停等功能。录音完毕后，用户还可以对音频进行剪辑、添加特效等编辑操作。这些功能对一般企业制作宣传视频的配音来说已经足够。

此外，作为一个免费在线平台，录音之星不占用用户硬盘空间，也无须担心软件更新等问题。用户仅需浏览器即可使用，录音和配音的流程大大简化。对需要时常录音和编辑的小企业来说，录音之星提供了一个很好的在线解决方案。

5. 万彩动画大师

万彩动画大师是一款功能强大的动画制作软件，适用于制作企业宣传动画、动画广告、营销动画、多媒体课件、微课等。它内置丰富的动画模板和素材，用户可以根据需要快速选择图标、场景及效果进行编排，大大提高了动画制作效率。此外，它也提供了实用的文字转语音功能，支持多种语音类型，方便为动画添加语音说明。

除了帮助高效制作动画，万彩动画大师还提供丰富的音乐和音效库。用户可以在软件内灵活选择符合动画风格和内容的背景音乐或音效进行混音。这有利于增强动画的视听感官体验。

6.Adobe Audition

Adobe Audition 是 Adobe 推出的一款专业音频编辑软件，适用于音乐、广播、影视和游戏等领域。它不仅支持录音和编辑基础功能，还内置各种高级音频效果和处理工具。比如提供各种音效效果，如回声、混响等，也支持动态处理，如压缩和限幅。这些音效效果和处理工具可以帮助用户给录音赋予更丰富的情感色彩。此外，它还支持自然语音处理，可以自动识别和标记录音中的单词，给字幕定时同步带来更专业的体验。

除此之外，Adobe Audition 还支持多轨编辑功能。用户可以将音频分配到不同的轨道上，分别进行编辑，也可以对各轨道设置独立的效果，实现高级混音处理。这对制作复杂配音作品极为重要。

7.Cubase

Cubase 是一款功能强大的专业音频制作软件，被广泛用于音乐制作、电影和电视音乐制作、广告音乐和音频设计等领域。它提供了高质量的录音功能，支持多种音频设备进行录音，录得的声音音质逼真。

Cubase 支持多轨混音编辑。用户可以利用其提供的多种音频卡位对录音进行编辑处理，精确控制每个音轨的音量和格式。它也内置了丰富的音频处理插件，包含均衡器、压缩器、限幅器等影响音频质量和效果的工具。这为音频后期制作提供了极大的灵活性。Cubase 提供专业的立体声处理功能。它支持 5.1 和 7.1 等多声道全景声混音，可以完美制作出影院级别的环绕音效，这使其在游戏音效设计和电影后期制作等环绕立体声项目中得心应手。

8.Audacity

Audacity 是一款功能基础但使用方便的免费音频编辑软件，适用于 Windows、macOS、GNU、Linux 和其他操作系统，最适合开源编辑。它提供了录音和编辑的基础功能，采用简洁直观的界面，适合音频初学者学习和使用。

Audacity 支持使用内置或外接麦克风进行录音。录音后它还提供基本的编辑功能，如剪辑、合并音频片段。此外，Audacity 内置一些简单而实用的音频处理效果，如删除静音、混音、添加回声等。这些功能已经可以满足一般企业宣传视频的低端配音需求。另外，作为开源软件，Audacity 不仅免费，还经常推出新版本补丁。

9.Pro Tools

Pro Tools 是一款功能强大的专业音频工作站软件，适用于 Windows 和 Mac 操作系统。它提供全面而专业的音频录制、编辑和处理工具。Pro Tools 具有强大的多轨录音和编辑功能。它支持同步记录多个音轨，用户可以精确地对每条音轨进行编辑处理，添加各种音频效果，实现专业级别的混音效果。

除此之外，Pro Tools 还支持高级音频格式和设备。它兼容主流音频接口、采样率和位深，支持导入和导出各类专业格式音频文件。同时它也提供丰富的插件工具包，包含了上千套音频处理效果插件。

企业短视频文案脚本生成器

制作一个优质的短视频需要一个好的脚本，而编写脚本是一项既需要创意又烦琐的任务。这时候，一款便捷的短视频脚本生成器就可以发挥巨大的作用。本文将介绍几款短视频脚本生成器，无论你是专业视频制作人员还是普通用户，这些工具都可以为你提供极大的帮助。

1. 搭画快写

搭画快写是一款功能强大的短视频文案生成器，不仅适用于生成营销文案，还适用于撰写各种其他类型的文案，如新闻稿、公告、用户手册等。它具有多种模板可选，包括情感、搞笑、美食等不同类别，可以满足用户的各种不同需求。

搭画快写利用人工智能技术进行文案生成，为用户节省了大量的时间和精力。用户只需简单输入关键词和句子，软件便能自动分析并生成相关的短视频文案。这种智能化的生成方式不仅提高了工作效率，还能够保持文案的质量和一致性。此外，搭画快写还提供了个性化定制的功能，用户可以根据自己的需求对生成的文案进行修改和调整，增加了文案的独特性和个性化。用户可以根据自己的品牌形象、目标受众和宣传目的，在生成的文案基础上进行创作，使其更符合自己的风格和要求。

2. 短视频文案助手

短视频文案助手是一款功能强大的短视频文案生成器，它支持关键词匹配、自动生成和模板定制等多种生成方式，用户可以根据自己的需求选择适合的方式进行文案生成。这使用户能够灵活地创作出符合视频主题和目标受众的文案。

短视频文案助手具有智能的关键词优化功能，能够根据用户输入的关键词对文案进行优化，使其更具吸引力和流行度。通过关键词优化，用户可以提高视频在搜索引擎和社交媒体平台上的曝光度，吸引更多的观众和用户。另外，短视频文案助手还支持一键分享到社交平台，方便用户将生成的短视频文案直接发布和推广。用户可以通过简单的操作将文案分享到各大社交媒体平台，扩大文案的传播范围，增加曝光和影响力。

3. 创意文案王

创意文案王是一款专为短视频创作者设计的文案生成器，拥有多种创意文案模板，涵盖情感、搞笑、励志等各种类型，用户可以根据自己的创作需求选择合适的模板生成文案。通过这些模板，用户能够获得创意丰富、内容独特的短视频文案，从而提高创作的质量和吸引力。

创意文案王提供了多种创作工具，如配乐、特效、滤镜等，用户可以利用这些工具美化自己的短视频文案，增加其视觉冲击力。这些创作工具能够提供丰富多样的音效和视觉效果，让用户能够在短视频中展现出自己的创意和个性，吸引更多的观众和用户。此外，创意文案王支持将生成的短视频文案一键导出为常见的视频格式，方便用户在各种平台上进行发布和分享。

企业短视频矩阵管理系统

短视频矩阵软件是帮助企业和个人创建和管理多个短视频账号，形成矩阵，从而提高曝光和吸引流量的一款智能营销系统。

1. 抖视小通

抖视小通是一款基于抖音生态的短视频智能营销系统，目前支持一键授权的短视频平台有：抖音、快手、B 站、好看视频、头条视频、西瓜视频。它为企业和个人提供了一系列的功能。首先，抖视小通允许用户同时管理多个短视频账号，形成矩阵，从而提高运营效率。用户可以利用系统提供的模板快速创建视频，并将其分发到多个平台，扩大视频的曝光范围。其次，抖视小通拥有一个庞大的视频素材库，用户可以从中选择合适的素材进行编辑和发布。同时，用户还可以将自己制作的视频上传到素材库中，方便以后制作和发布视频。再次，抖视小通提供智能推荐和流量获取功能。通过对用户账号的粉丝、观看量、点赞数、评论数等数据进行分析，系统能够为用户提供更加精准的推荐和流量获取策略。最后，抖视小通还能帮助用户制定个性化的运营策略，提高账号的关注度和粉丝数。

在视频制作方面，抖视小通提供了一系列强大的工具，如剪辑、特效、字幕、配乐等，用户可以利用这些工具快速制作出高质量的短视频。同时，抖视小通还支持一键发布功能，使用户能够方便快捷地将视频发布到自己的抖音账号中。抖视小通还提供了数据监控和分析工具，用户可以实时监控和分析账号的运营情况，了解观看量、粉丝量、互动量等数据。这能帮助用户更好地调整运营策略和推广方案，提升短视频的转化效果。

2. 抖音创作协作平台

抖音创作协作平台是专为抖音创作者设计的一款团队协作工具，旨在提升团队协作效率和提供优化内容创作策略。平台的关键功能包括素材共享、视频编辑和任务分配。首先，抖音创作协作平台允许团队成员共享素材。团队成员可以将自己拍摄的视频素材、音频、图片等上传到平台上的共享库中，供其他成员使用。这样一来，团队可以更加便捷地获取和利用素材资源，避免了重复拍摄和资源浪费的情况。其次，平台提供了视频编辑功能。团队成员可以在平台上进行视频剪辑、特效添加、字幕制作等操作，实现对素材的个性化处理和创意表达。这使团队可以在同一个平台上完成视频编辑工作，避免了频繁地转移文件和协作不便的问题。最后，抖音创作协作平台还具备任务分配的能力。团队负责人可以为每个成员分配具体的任务，设定时间节点和工作要求。通过平台内的任务管理功能，团队成员可以清晰地了解自己的任务和进度，从而提高团队协作的效率和准确性。

除了以上的团队协作功能，抖音创作协作平台还提供数据分析功能。通过对用户喜好、互动等数据进行分析，团队可以了解观众的反馈和偏好，从而优化内容策略，提升视频的吸引力和转化效果。这种数据驱动的内容优化有助于团队在竞争激烈的抖音平台上脱颖而出。

3. 快手企业版

快手企业版是快手专门为内容创作者和团队推出的企业级应用，其拥有一系列强大的功能，旨在帮助团队快速产出优质内容并提升工作效率。首先，快手企业版集成了视频剪辑和发布功能，方便团队成员进行视频创作和发布。团队成员可以在应用中进行视频剪辑、特效添加、字幕制作等操作，轻松实现对素材的个性化处理。其次，快手企业版支持一键发布功能，团队成员可以将制作好的视频直接发布到快手平台上，节省了烦琐的转移和上传步骤，提高了工作效率。最后，快手企业版支持团队间的实时协作。团队成员可以在应用中进行实时沟通和协作，提高了团队的协同效率。他们既可以通过应用内的消息功能分享创意、反馈意见，也可以进行任务分配和进度跟踪，确保项目的顺利推进。实时协作的特性使团队成员能够随时交流和协调，快速解决问题和做出调整，提高工作效率和协作质量。

除了视频剪辑和团队协作功能，快手企业版还提供数据分析功能，帮助团队了解内容表现和用户反馈。团队可以通过数据分析工具查看视频观看量、互动数据等关键指标，了解用户喜好和行为习惯，从而优化内容创作策略，提升视频的吸引力和转化效果。数据驱动的内容优化有助于团队在快手平台上取得更好的成果。

4. 微撰头条

微撰头条是一款针对抖音平台的管理软件。它为企业提供了多账号管理和跨平台发布的功能。首先，微撰头条允许企业在一个统一的平台上管理多个账号，方便企业集中管理和监控不同账号的运营情况。企业可以同时管理多个社交媒体平台上的账号，如微博、微信公众号等，实现内容的全面覆盖。其次，微撰头条支持用户在不同的平台上进行内容发布和互动。企业可以通过平台提供的功能，一键将内容发布到各个社交平台上，避免了重复操作和浪费时间的问题。最后，企业可以在平台上与粉丝和观众进行互动，及时回复评论和私信，增强粉丝参与感和互动效果。

除了多账号管理和跨平台发布，微撰头条还提供了数据分析和智能推荐等功能。通过对账号的数据进行分析，企业可以了解观众的兴趣偏好、互动行为等信息，为内容创作和推广提供有针对性的策略。同时，平台还利用智能推荐算法，帮助企业实现精准的用户定位，将内容推送给目标受众，提高内容的转化效果。

5. 易媒矩阵

易媒矩阵是一个全能型的账号管理系统，为企业提供多账号管理的功能。首先，它支持账号的注册、登录、编辑、发布和推荐等功能。企业可以在易媒矩阵中方便地管理和操作多个账号，包括各类社交媒体平台上的账号，如微博、微信公众号等。这使企业可以在一个统一的平台上进行账号管理，提高管理效率和便捷性。其次，易媒矩阵支持多种内容形式的一键分发。企业可以使用该系统将文章、视频、动态等多种形式的内容一键分发到各个社交媒体平台上。这样一来，内容推送可以同时覆盖多个平台的受众，提升内容的曝光和传播效果。通过一键分发功能，企业可以节省时间和精力，将更多的资源用于内容创作和策划上，提高营销效率。

除了账号管理和内容分发，易媒矩阵还提供了数据分析和智能推荐等功能。通过对数据的分析，企业可以了解受众的兴趣、行为和偏好，为内容创作和营销策略提供依据。同时，系统利用智能推荐算法，帮助企业精准定位目标受众，将适合的内容推荐给潜在客户，提高内容的吸引力和转化效果。

6. 腾讯云剪辑

腾讯云剪辑是一个强大的云端视频编辑工具，为团队提供了便捷的视频剪辑、特效制作和音频处理功能。首先，团队成员可以随时随地通过登录云端进行协作。无论身处何地，只需有互联网连接，团队成员就能够方便地共享和编辑视频素材。这种灵活性和便利性使团队成员可以在不受时间和地点限制的情况下协同工作，大大提高了工作效率和协作质量。

其次，腾讯云剪辑提供了丰富的视频编辑功能。团队成员可以使用云剪辑进行视频剪辑、特效制作和音频处理等操作，轻松实现对素材的个性化处理和创意呈现。云剪辑提供了多种实用的工具和特效效果，如剪切、合并、滤镜、转场等，使团队能够创作出高质量、富有创意的视频内容。

7. 小红书社群助手

小红书社群助手是专为小红书社群管理者设计的工具，其提供了一系列便捷的管理功能。首先，社群助手可以帮助管理者有效地管理群组。管理者可以在助手中轻松管理社群成员、监控成员活跃度、进行权限管理等。这样，管理者能够更好地掌控社群的运营情况，保持社群的活跃度和秩序。其次，社群助手支持发布活动和统计数据。管理者可以利用助手发布各类线上线下活动，与社群成员进行互动和交流。同时，助手还提供了数据统计的功能，用于分析社群活动的参与度、互动情况等。这样一来，管理者可以通过数据分析了解社群成员的行为和偏好，从而更好地优化社群运营策略。

此外，社群助手还支持与抖音、快手等平台的数据互通。这意味着管理者可以方便地将社群助手中的数据与其他平台的数据进行对接和分析，实现全面的用户行为分析。这样的数据互通功能能够帮助管理者更好地了解用户跨平台的行为模式，从而更精准地制订社群运营策略和营销方案。

8. 知乎内容协作系统

知乎内容协作系统是一款专为内容创作者设计的团队协作工具。首先，该系统提供了共同编辑和评论功能，使团队成员能够方便地协同编辑和完善文章内容。团队成员可以同时对同一份内容进行编辑，实时交流和反馈，提高了团队的工作效率和协作质量。其次，知乎内容协作系统还支持举报问题功能。这对于团队来说具有重要意义，因为它使团队成员能够及时发现和处理违规内容，维护社区的健康和秩序。通过举报问题功能，团队可以快速响应用户的举报，并采取必要的措施，保护用户的利益和社区的良好环境。

另外，该系统还支持与其他社交媒体平台的数据同步。这使团队能够更好地了解用户需求和行为，为内容创作和策略制定提供参考。通过数据同步，团队可以深入分析用户在其他平台上的喜好、兴趣和互动方式，从而更准确地把握用户的需求，提供更有价值和吸引力的内容。

企业短视频营销获客工具

如何让短视频真正成为有效的营销工具，让潜在客户转化为实际客户，是每个企业都需要解决的问题。这就需要使用短视频营销获客工具。企业通过数据分析和优化，将短视频变成一种高效的获客工具。短视频营销获客工具是一种非常有价值的营销工具，它可以帮助企业更好地利用短视频平台吸引更多潜在客户，提高品牌曝光度和销售额。

1. 短视频询盘获客系统

短视频询盘获客系统是一种高效的获客方式。相比传统的 SEO、搜索竞价和投放信息流广告，它具有明显的优势。传统获客方式成本高，见效慢，每个客户线索的获得成本在 50 到 200 元，同时需要消耗大量的人力。相比之下，短视频获客系统能够精准获取抖音、快手、小红书、B 站、百度地图等平台上的意向客户，而且其获取每个精准客户的平均成本不到 0.1 元，是全网上性价比最高的获客方式。

这套系统包含了电脑端、移动端和网页端，可以支持多人同时使用，但其只需要一个人进行操作，就能够每天获得上百个甚至上千个意向客户。从效果、成本和管理等方面来看，这套系统的效果是过去销售团队的几百倍。对于企业和商家来说，它为引流和获客带来了巨大的帮助。

2. 大数据智能营销系统

大数据智能营销系统是一种集成了多种营销推广软件的智能系统。它内置了上百款营销推广系统软件，包括微信营销、短信营销、智能外呼机器人、短视频营销、万词霸屏、数据采集等。

这套系统的优势在于它提供了多种多样的营销工具和功能，涵盖了多个渠道和媒体。通过微信营销，用户可以进行精准的微信推广，与潜在客户进行互动和沟通。短信营销可以通过短信渠道向目标客户发送推广信息，提高销售转化率。智能外呼机器人可以自动拨打电话，完成客户调研、销售推广等工作。短视频营销可以利用短视频平台的流量和影响力，进行产品宣传和广告投放。而万词霸屏和数据采集等功能则可以帮助用户获取更多的曝光量和有价值的市场数据。

3. 全网智能营销网站

全网智能营销网站是一个集成了 600 多款软件的智能平台。这些软件可以批量、自动、高效地代替我们的双手，使我们能够节省更多时间去从事更有价值的工作，将重复、机械的动作交给软件来完成。

通过这个智能平台，用户可以实现自动化的营销工作。无论是推广活动、客户管理、数据分析还是市场调研，都可以通过软件来处理和执行。用户只需要设置好相应的参数和规则，软件就可以按照设定的方式进行操作，完成各种任务。这样一来，用户可以将更多的精力和时间投入战略规划、创意策划等更有创造性和价值的工作上，提升工作效率和质量。

4. 聚客来快抖矩阵管理系统

聚客来快抖矩阵管理系统是一款功能丰富的管理系统，能够帮助企业解决短视频营销中的内容生产、账号搭建、账号运营、低成本精准引流、业务场景搭建、服务场景搭建、提高服务效率等问题。首先，它能够管理多个平台和账号，实现多账号的集中管理，方便用户管理和监控各个账号的运营情况。其次，它内置了 AI 混剪技术，可以批量生产原创视频，大大提高视频制作的效率和质量。最后，它采用垂直矩阵账号管理，免去了频繁切换和登录的麻烦，提供了便捷的操作体验。

聚客来快抖矩阵管理系统还具备定时定量发布功能，用户可以设定好发布时间和数量，系统会按照设定自动发布视频，提高发布效率。同时，系统支持多平台视频分发，可以将视频一键发布到多个平台，扩大视频的覆盖范围。此外，系统还提供账号分组管理和分发功能，便于对账号进行分类和分配任务。它还支持自动化挂机发布，实现视频的自动发布和更新。用户可以进行单账号批量发布，也可以设置多账号视频的定时定点发布，灵活满足不同需求。

除此之外，聚客来快抖矩阵管理系统还具备其他功能，如 SEO 关键词生成、系统账号无限多开、抖音热门话题视频灵感创作以及类抖音全民任务的新玩法。这些特点和功能使聚客来快抖矩阵管理系统成为一款强大的工具，可以帮助用户提升视频营销和推广效果，提高工作效率，创造更多的创意和灵感。

5. 短视频平台 SEO 搜索排名系统

短视频平台 SEO 搜索排名系统是一种能够提升短视频排名的服务系统。通过该系统，用户可以在 7 到 15 天内将自己的短视频排在同行业的前面。这个系统采用按效果付费的方式，只有当视频排名进入前十名时才收费，这种付费模式相对公平且灵活。同时，该系统提供持续稳定的排名效果，并且用户可以实时监控后台数据。

这个系统的优势在于它能够帮助用户提升短视频的曝光和点击量。在短视频平台上，竞争激烈，想要让自己的视频脱颖而出并不容易。通过这个系统，用户可以优化视频的关键词、标题、标签等信息，提高视频在搜索结果中的排名。排名靠前的视频能够吸引更多的观众点击和关注，从而提升视频的曝光度和影响力。此外，由于系统提供实时可见的后台监控数据，用户可以根据数据分析和调整策略，进一步优化视频的排名效果。

6. 全网自动挂机引流获客软件

全网自动挂机引流获客软件是一种能够帮助用户在全网平台上自动发布信息，实现引流和获客的工具。通过这个软件，用户可以将自己的产品信息、行业信息以及联系方式大量发布在各个网络平台上，让有需求的潜在客户主动联系。

这个软件的优势在于它的高效和广泛的覆盖范围。用户无须手动在各个平台上发布信息，而是通过软件一次性将信息批量发布，大大节省了时间和精力，降低了主动销售的成本和压力。

7. 抖霸屏系统

抖霸屏系统又称同城爆店码，是一种功能强大的系统，具备多项优势。首先，系统内置了超强混剪原创视频功能，可以自动生成高质量的原创视频，为商家提供吸引顾客的内容。其次，系统支持设置活动，并能自动生成二维码。顾客扫描二维码后可以领取优惠，并且系统会自动为商家发送一条带有商家位置的推广视频。

这个系统的优势在于它的便捷性和推广效果。商家无须自己制作视频，系统提供了强大的混剪功能，可以自动生成吸引人的原创视频。通过设置活动和生成二维码，商家可以吸引顾客扫码领取优惠，进而增加顾客流量和销售额。这种自动化的推广方式节省了商家的时间和精力，同时提升了推广效果。

参考文献

[1] 陈楠华，李格华．企业短视频攻略［M］．北京：电子工业出版社，2021.

[2] 营销铁军．短视频营销［M］．天津：天津科学技术出版社，2020.

[3] 臧其超．企业短视频策略技巧［M］．广州：广东旅游出版社，2023.

[4] 杨闯世．短视频企业号运营实战［M］．北京：中国科学技术出版社，2021.

后　记

在完成《企业短视频营销》这本书之后，我感到无比欣慰和满足。创作本书的初衷是帮助企业在这个竞争激烈的时代中通过短视频营销获取更多的客户并提升品牌影响力。而现在，当我与您共同结束这段阅读旅程时，我希望您已经从中获得了丰富的知识和大量的启发。

在写作过程中，我深入研究了企业面临的经营困境和市场挑战，并认识到传统营销方式已经无法满足企业的需求。短视频营销作为一种创新的解决方案，为企业带来了新的机遇。通过精心策划和执行短视频营销活动，企业可以吸引用户的注意力，传达品牌的价值和理念。同时，我也深刻体会到学习和进步的重要性。互联网和科技的发展正在以惊人的速度改变着我们的生活和工作方式。我们需要不断学习和适应这些变化，才能在竞争中立于不败之地。短视频营销只是数字营销领域中的一部分，而这个领域还有许多其他的机会和挑战等待我们去探索和应对。

最后，我要再次感谢您的阅读和支持，感谢您对短视频营销的兴趣和信任。我希望本书能够为您提供实用的知识和启发，帮助您在竞争激烈的市场中取得成功。无论您是企业经营者、市场营销人员还是对短视频营销感兴趣的读者，我希望本书能够成为您的指南和助力，帮助您实现自己的目标。

祝愿您在未来的创业和营销道路上一帆风顺，取得辉煌的成就！

朱桦

2023 年 12 月